하루 한 장 아이와 함께하는 한국사 습관

초등 한국사 일력 365

하루 한 장 아이와 함께하는 한국사 습관

초등 한국사 일력 365

발행일 2022년 12월 30일

지은이 오홍선이

펴낸이 권대호, 김재환

출판총괄 김형석 **개발책임** 김기임, 김선아 **개발** 신민용, 진명규, 백미경

디자인 김소진, 이영호 **그림** 김우현

펴낸곳 (주)에듀윌

등록번호 제25100-2002-000052호

주소 서울시 구로구 디지털로34길 55 코오롱싸이언스밸리 2차 3층

대표번호 1600-6700

ISBN 979-11-360-2295-0 10910

『초등 한국사 일력 365』를 소개합니다.

1월부터 12월까지, 열두 가지 테마

매일매일 흥미로운 한국사 한 토막

2월 — 14 — 태조 왕건

한반도를 다시 하나의 나라로

태조 왕건은 후삼국을 통일하고 고려를 세운 왕이에요. 왕건은 궁예를 몰아내고 왕위에 오른 다음 고구려의 정신을 잇는다는 의미로 나라 이름을 '고려'라고 정했어요.

왕건은 지방의 세력가들을 자기편으로 만들고 신라의 항복을 받아낸 뒤, 후백제를 물리쳐서 후삼국을 통일했어요.

더 알면 좋은 이야기

왕건은 죽기 전 후손들이 새겨야 할 열 가지 교훈 '훈요십조'를 남겼어요. 후대의 왕들은 이것을 참고해서 나라를 다스렸어요.

『초등 한국사 일력 365』는 12가지 큰 테마 아래 365개의 흥미로운 한국사 이야기를 하루 한 장씩 아이와 함께 보며 한국사와 친해질 수 있는 만년 일력입니다. 아이가 많은 시간을 보내는 책상 위, 엄마 아빠와 함께 밥을 먹는 식탁 위 등 눈길이 자주 머무는 곳에 세워 두고 습관처럼 익히다 보면, 어느새 한국사와 친해진 모습을 발견할 수 있을 거예요.

사진자료 출처

※ 퍼블릭 도메인의 경우, 출처 표기 생략함

1월
부석사_골뱅이(@Korea Wikipedia)

2월
영조_국립고궁박물관

3월
계백묘_문화재청 국가문화유산포털
최영묘_문화재청 국가문화유산포털

5월
진주성 공북문_문화재청 국가문화유산포털
척화비_문화재청 국가문화유산포털

6월
빗살무늬 토기_국립중앙박물관
백제 금동 대향로_국립중앙박물관
익산 미륵사지 석탑_문화재청 국가문화유산포털
신라 금관_국립중앙박물관
무구 정광 대다라니경_경주시 관광자원 영상이미지
경주 분황사 모전석탑_신민용
도기 기마인물형 뿔잔_eggmoon(@Korea Wikipedia)
팔만대장경_문화재청 국가문화유산포털

7월
종묘_문화재청 국가문화유산포털
창덕궁_문화재청 국가문화유산포털
수원 화성_문화재청 국가문화유산포털
경주 역사 유적 지구_신민용
조선 왕릉_문화재청 국가문화유산포털
양동마을_경주시 관광자원 영상이미지
남한산성_문화재청 국가문화유산포털
백제 역사 유적 지구_문화재청 국가문화유산포털
산사, 한국의 산지승원(통도사)_한국민족문화대백과사전, 한국학중앙연구원
한국의 서원(도산 서원)_한국민족문화대백과사전, 한국학중앙연구원
갯벌_Seungh(@Korea Wikipedia)
판소리_한국민족문화대백과사전, 한국학중앙연구원
강릉 단오제_문화재청 국가문화유산포털
강강술래_문화재청 국가문화유산포털
대목장_문화재청 국가문화유산포털
줄타기_한국민족문화대백과사전, 한국학중앙연구원
김장_한국민족문화대백과사전, 한국학중앙연구원
줄다리기_한국민족문화대백과사전, 한국학중앙연구원
제주 해녀 문화(제주특별자치도 공공누리, www.kogl.or.krrecommendrecommendDivView.dorecommendIdx=19360&division=img)
연등회_문화재청 국가문화유산포털

8월
울산 대곡리 반구대 암각화_문화재청 국가문화유산포털
서울 암사동 유적_문화재청 국가문화유산포털
참성단_문화재청 국가문화유산포털
김해 봉황동 유적_문화재청 국가문화유산포털
서울 몽촌토성_문화재청 국가문화유산포털
공주 공산성_문화재청 국가문화유산포털
경주 대릉원_문화재청 국가문화유산포털
강화 고려궁지_Mobisu6(@Korea Wikipedia)
경복궁_이상곤(@Korea Wikipedia)
숭례문_문화재청 국가문화유산포털
소수 서원_문화재청 국가문화유산포털
현충사_아산시 문화관광
해미읍성_Lawinc82(@Korea Wikipedia)
서울 독립문_문화재청 국가문화유산포털
서대문 형무소_문화재청 국가문화유산포털
독립기념관_Lawinc82(@Korea Wikipedia)
양산 통도사_문화재청 국가문화유산포털
국립중앙박물관_국립중앙박물관
국립고궁박물관_국립고궁박물관
국립민속박물관_Issac Crumm(@Korea Wikipedia)
국립공주박물관_국립공주박물관
국립김해박물관_hyolee(@Korea Wikipedia)
국립경주박물관_경주시 관광자원 영상이미지
전쟁기념관_전쟁기념관

9월
독립신문_국립중앙박물관

10월
이육사 절정_한국민족문화대백과사전, 한국학중앙연구원

11월
6월 민주 항쟁_서울역사아카이브

12월
경주 얼굴무늬 수막새_Trainholic@Korea Wikipedia)
북관대첩비_WaffenSS(@Korea Wikipedia)
청자 투각칠보문뚜껑 향로_Steve46814(@Korea Wikipedia)
온돌_Puzzlet Chung(@Korea Wikipedia)
나전칠기_Motoko C.K.(@Korea Wikipedia)
옹기_Mar del Este(@Korea Wikipedia)
탈춤_문화재청 국가문화유산포털
한국 현대 미술_다다익선(@Korea Wikipedia)
e스포츠_David.roldan.jimenez(@Korea Wikipedia)

차례

요즘 인싸는 한류지!

한류는 우리나라의 대중문화가 외국에서 유행하는 현상을 말해요. 한국의 한(韓)과 유행의 류(流)가 더해진 말로, 영어로는 Korean Wave 또는 Hallyu라고 써요. 드라마, 음악 등을 비롯해서 패션, 화장품, 음식, 관광까지 한국의 문화가 세계에 알려지게 되었지요. 1990년대 말 주로 중국, 일본, 동남아시아에서 시작되어 지금은 전 세계에서 '한류'라는 용어를 쓸 정도로 한국 문화는 사랑받고 있어요.

지은이를 소개합니다.

오홍선이

대학에서 일어일문학과 문예창작을 공부했습니다. 출판사에서 오랫동안 역사, 과학, 그림책 등 다양한 분야의 어린이책을 만들었습니다. 아이들이 꿈을 키워 나갈 수 있는 주제들을 고민하며 글을 쓰고 있습니다.

저서

조선왕조실록
핵심 콕! 사회 교과서 어휘
한국을 바꾼 여성 위인들
한국을 살린 부자들
역사 속 위인들은 무슨 일을 했을까?
명작 속 다른그림 미로찾기
궁금해도 안 알려 주는 죽음에 관하여
우리나라 최고&최초 모두의 백과

지은이의 말

한국사는 나라가 건국되고 왕이 즉위하고 전쟁과 사건들이 일어나는 외우기 어렵고 공부하기 힘든 과목이라고 생각하지 않나요?

사실 역사는 아주 옛날부터 지금까지 이어져 온 사람들의 이야기예요. 그래서 하늘이 열리고 땅이 생기고 산과 강이 만들어지는 우리 신화부터 세계에 자랑할 만한 한국의 문화유산을 모두 모아 보았어요. 역사적으로 꼭 알아야 할 인물과 사건들은 물론이고, 놀라운 유물 유적과 세계에서 인정받는 문화유산까지 우리가 모르고 있는 자랑거리들이 굉장히 많았답니다.

하루 하나씩 우리나라의 역사와 문화에 대해서 알아보면서 쉽고 재미있게 역사를 이해해 보아요!

연주 실력과 감정 표현까지 모두 최고!

우리나라에서는 클래식 음악을 하는 사람들이 그리 많지 않았어요. 성악가 조수미와 지휘자 정명훈, 피아니스트 백건우 등 세계에서 인정받는 사람들은 손에 꼽을 정도였지요. 그런데 2000년대에 들어 우리나라의 젊은 음악가들이 국제 콩쿠르에서 연이어 우승을 차지하고 있어 세계가 놀라고 있어요. 피아니스트 조성진과 임윤찬, 바이올리니스트 양인모, 첼리스트 최하영 등 많은 한국 음악가들이 활약하고 있지요.

이 일력을 추천합니다.

배성호 전국초등사회교과모임 공동대표

드넓은 세상에서 아이들이 건강하고 행복하게 성장하길 바라는 초등학교 교사. 초등 사회교과서 편찬위원, 국립중앙박물관 학교연계교육 자문위원, 대한민국역사박물관 교육자문위원을 지냈으며, 지금은 초등 사회교과서 집필위원, 전국초등사회교과모임 공동대표를 맡고 있다.

저서

수다로 푸는 유쾌한 사회
더불어 사는 행복한 경제
꿈을 담은 교문
우리가 박물관을 바꿨어요!
우리가 학교를 바꿨어요!
안전 지도로 우리 동네를 바꿨어요!
개념연결 초등 한국사 사전(공저)
두근두근 한국사(공저)
학교 공간, 어떻게 바꿀 수 있을까(공저)

추천사

매일매일 선물처럼 우리 역사와 문화유산 그리고 역사 인물들을 만날 수 있는 일력이 있습니다. 바로 <초등 한국사 일력 365>입니다. 이 일력은 우리 역사와 재밌으면서도 알차고 다채롭게 만날 수 있는 장을 마련해 주거든요. 12달, 12가지 주제로 매일매일 다채로운 한국사 키워드로 만나는 매력적인 여행을 종합 선물처럼 만날 수 있답니다.

특히 이 일력이 매력적인 것은 흥미로운 장면과 함께 어우러진 이야기들에 푹 빠지면서 매일 한 장씩 책 읽기를 할 수 있다는 점이에요. 365일 1년 동안 이 일력과 함께하다 보면 한국사 지식은 물론이고 책 읽기 습관과 문해력을 키울 수 있답니다. 이 일력을 통해 우리 역사와 만나면서 생각과 꿈을 키워 나가길 응원합니다!

온라인 게임 실력이 세계 최고라고?

e스포츠는 온라인으로 벌이는 컴퓨터 게임 대회를 말해요. e는 electronic(전자)의 머리글자예요. 게임을 하는 것을 직업으로 삼은 프로게이머들이 생기고 게임 산업이 발달하면서 온라인 게임은 정식 스포츠로 인정받게 되었지요.

우리나라는 전 세계에서 가장 빠른 인터넷 속도를 자랑하고, 온라인 게임을 즐기는 사람들이 많아 세계적인 대회에서 상위권을 차지하고 있답니다.

1월

신화와 설화로 여는 한국사

세계인이 사랑하는 한국 가요

K-pop은 한국의 대중가요를 말해요. K는 Korean의 머리글자를 딴 것이에요. 1990년대 후반 한국 드라마의 인기와 함께 대중가요가 세계에 알려지게 되었어요. 그러다가 인터넷의 보급으로 온라인 커뮤니티를 이용하여 홍보하면서 K-pop은 전 세계에 퍼지게 되었어요. 대체로 아이돌 음악인데, 한국 아이돌들은 기획사에서 오랜 연습을 통해 뛰어난 실력을 갖추고 있어요.

거인 여신이 세상을 만들었다고?

아주 오랜 옛날에는 해도 달도 없고 땅과 하늘은 붙어 있었어요. 그런데 거인 마고할미가 잠을 자면서 코를 골자 땅이 들썩들썩하고, 일어나면서 기지개를 켜자 하늘이 갈라지고 해와 달이 나왔어요. 마고할미가 치마폭에 흙을 담아 쏟으면 산이 되거나 섬이 되었어요. 오줌을 누면 강이 되었고요. 그렇게 마고할미는 세상의 산, 섬, 강, 돌, 다리를 만들었지요.

더 알면 좋은 이야기

마고할미는 제주도의 설문대할망, 서해안의 개양할미, 강원도 삼척의 서구할미 등 지역에 따라 다른 명칭으로 불리기도 해요.

자랑스러운 한국 예술가들

한국 현대 미술은 일제 강점기부터 현재에 이르는 미술 작품을 말해요. 황소 그림으로 유명한 이중섭, 한국 최초의 여성 서양화가 나혜석, 세계적으로 알려진 작가 백남준 등이 대표적인 한국 현대 미술 작가들이지요. 백남준은 비디오 아트의 선구자라고 불려요. 또 한 명의 한국 현대 미술가인 김환기의 작품은 경매장에서 150억 원이 넘는 가격에 팔렸어요.

더 알면 좋은 이야기

경기도 용인시 기흥구 백남준로에는 백남준아트센터가 있어요. 국내 유일한 미디어아트 전문 공공미술관으로 다양한 작품을 감상할 수 있지요.

이승과 저승을 다스리는 쌍둥이

신 중에서 가장 높은 천지왕과 총명아기씨 사이에서 태어난 쌍둥이 대별왕과 소별왕은 인간 세상에서 지내다 하늘나라로 올라갔어요. 아버지 천지왕은 두 아들에게 이승과 저승을 다스리게 했지요.

이승을 탐낸 동생 소별왕은 내기에서 이기는 자가 이승을 다스리자 제안하고는, 속임수로 이겨서 이승을 차지했어요. 그러나 이승에는 해와 달이 둘씩 떠 있고, 인간의 탐욕으로 질서가 매우 어지러웠어요. 그래서 형 대별왕이 활을 쏘아 해와 달을 하나씩 없애 주었어요. 하지만 인간의 탐욕은 바로잡아 주지 않고 저승으로 가 버리는 바람에 여전히 세상에는 인간의 탐욕이 남아 있답니다.

가장 오래된 온라인 게임은 뭘까?

온라인 게임은 인터넷 네트워크를 이용해 여러 사용자가 온라인으로 롤플레잉 게임을 하는 것을 말해요. MMORPG라고도 불러요.

우리나라에서 만든 그래픽 온라인 게임인 '바람의 나라'는 인기 있는 만화를 원작으로 만든 것이에요. 1996년 최초로 서비스를 시작해 오늘날까지 서비스하고 있어요. 그래서 세계에서 가장 오래된 MMORPG로 기네스북에도 올랐어요.

더 알면 좋은 이야기

e스포츠는 제19회 항저우 아시안 게임에서 정식 종목으로 채택되었어요.

염라대왕을 잡아 오라고?

동정국 왕의 세 아들은 재물을 탐낸 과양생이의 꾐에 빠져 죽고 말아요. 이후 과양생이는 구슬 세 개를 삼키고 아들 셋을 낳지만, 아들들이 갑자기 죽자 원님을 욕하고 난리를 쳤어요. 그러자 원님은 힘이 센 강림 도령에게 세 아들을 데려간 염라대왕을 잡아 오라고 시키지요.

염라대왕은 자신을 잡으러 온 강림의 용기가 기특하여 관아에 직접 나타나 과양생이의 죄를 밝히고 벌을 주었어요. 그리고 강림 도령을 저승으로 데려가 저승 차사로 삼았지요. 강림 도령은 저승 차사 중에서도 으뜸이 되었어요.

김치만을 위해 만든 냉장고가 있다고?

김치냉장고는 김치를 최적의 온도로 보관할 수 있도록 만든 냉장고예요. 예전에는 겨우내 먹을 김치를 항아리에 담아서 땅에 묻어 보관했어요. 하지만 오늘날에는 그럴 수 없어 냉장고에 보관하는데, 냉장고 문을 자주 여닫아 김치의 맛을 유지하기 힘들었어요. 그래서 김치의 맛을 유지하면서 오래 보관할 수 있는 김치냉장고를 발명해 엄청난 인기를 얻었지요.

신이 아기를 점지해 준다니!

용왕 부부는 뒤늦게 얻은 딸이 버릇이 없어 인간 세상으로 보내 아이를 점지해 주는 삼신이 되게 했어요. 하지만 삼신의 일을 제대로 배우지 못해 처녀와 할머니도 아기를 낳고, 아이가 금세 죽는 등 인간 세상은 더욱 혼란스러워졌지요. 그러자 옥황상제는 지장보살의 딸을 잘 가르쳐 새로운 삼신으로 보내 아기를 점지하고 낳는 것을 돕게 했어요.

더 알면 좋은 이야기

우리나라 신화에서는 아이의 탄생과 성장을 담당하는 신을 '당금애기'라고도 불러요.

봉지를 뜯어서 물만 부으면 끝!

커피믹스는 커피 가루와 분말 크림(프리마), 설탕이 들어 있어 물만 부으면 되는 인스턴트 커피예요. 예전에는 커피를 탈 때 커피와 프리마, 설탕을 각각 넣어서 탈 때마다 맛이 다르고 시간도 걸렸어요. 하지만 커피믹스가 나오면서 물만 부으면 되어 간편하고, 맛도 좋아서 큰 인기를 얻었어요. 커피믹스는 맛이 다양해지고, 봉지를 간편히 뜯을 수 있게 나오는 등 새로워지고 있어요.

서천 꽃밭은 내가 지키겠소이다

서천 꽃밭에는 사람을 치료하고 살리는 꽃들이 가득했어요. 삼신은 서천 꽃밭에 피는 꽃의 색깔로 아기를 점지했지요. 이렇게 중요한 서천 꽃밭은 지킬 사람이 필요했어요.

천지왕은 사라도령에게 그 일을 맡겼는데 부인 원강아미는 임신한 몸이라 함께 갈 수 없었어요. 사라도령이 떠난 뒤 한락궁이가 태어났고, 한락궁이는 다 자라 서천 꽃밭으로 가서 아버지를 만났어요. 그리고 아버지의 뒤를 이어 서천 꽃밭의 꽃감관이 되었답니다.

이런 뜻이구나!

한락궁이는 할락궁이라고도 불러요. '꽃감관'은 꽃밭을 관리하는 신을 말해요.

절에 가야만 먹는 음식이 아니야

사찰 음식은 절에서 만드는 음식을 말해요. 절에서는 고기나 향이 강한 채소는 음식 재료로 쓰지 않고 주로 절 주변에서 직접 가꾼 채소나 산나물 등을 천연 양념을 이용해 요리하지요. 건강하고 담백한 음식이라 외국에서 귀한 손님이 왔을 때 사찰 음식을 접대하기도 했어요.

프랑스의 세계적인 요리 학교에서도 우리나라 사찰 음식을 정규 과목으로 삼는 등 해외에서 사찰 음식은 또 다른 한식으로 인기를 얻고 있어요.

죽은 사람을 저승으로 이끄는 신은?

불라국을 다스리는 오구대왕은 늦은 나이에 혼인을 하고 딸만 여섯을 낳았어요. 일곱째도 딸이 태어나자 아들을 원했던 오구대왕은 화를 내며 일곱째인 바리데기를 강물에 띄워 보내라고 했어요. 버려진 바리데기는 늙은 거지 부부에게 발견되어 그들 밑에서 자랐지요.

한편 오구대왕이 큰 병에 걸려 시름시름 앓게 되었어요. 병이 나으려면 서역에 가서 귀한 꽃을 가져와야 하는데 어느 딸도 나서지 않았어요. 그 소식을 듣고 바리데기가 꽃을 구해와 부모님을 살리지요. 이후 바리데기는 오구신이 되어 죽은 사람을 저승으로 이끄는 일을 맡았어요.

때가 술술, 힘도 안 들어!

이태리타월은 때를 밀 때 쓰는 때수건을 말해요. 이태리는 이탈리아를 한자어로 부르는 이름이에요. 이탈리아에서 수입한 까끌까끌한 천으로 만들어서 이태리타월이라고 부르지요. 실제 이탈리아에서는 때수건을 쓰지 않아요.

때를 미는 독특한 목욕 문화가 있던 우리나라에서는 예전에 수건을 말아서 때를 밀었어요. 하지만 직사각형으로 손에 끼고 쓸 수 있는 이태리타월이 나오자 엄청난 인기를 얻었어요.

부모를 찾아서 원천강으로 떠난 아이

강림들에서 사는 오늘이는 자기가 혼자 솟아난 줄만 알았어요. 그러던 어느 날 자신을 낳아 준 진짜 부모님이 원천강에 있다는 이야기를 들었어요. 그래서 글을 읽는 도령, 연꽃, 청수바다의 이무기, 글을 읽는 내일이에게 길을 물어 원천강에 도착해요.

부모님을 만나 행복한 시간을 보낸 뒤 오늘이는 다시 길을 나섰어요. 도와준 이들의 부탁을 들어주기 위해서였지요. 오늘이는 모두의 부탁을 해결해 주고 강림들로 돌아와 행복하게 지낸 뒤 하늘로 올라가 선녀가 되었답니다.

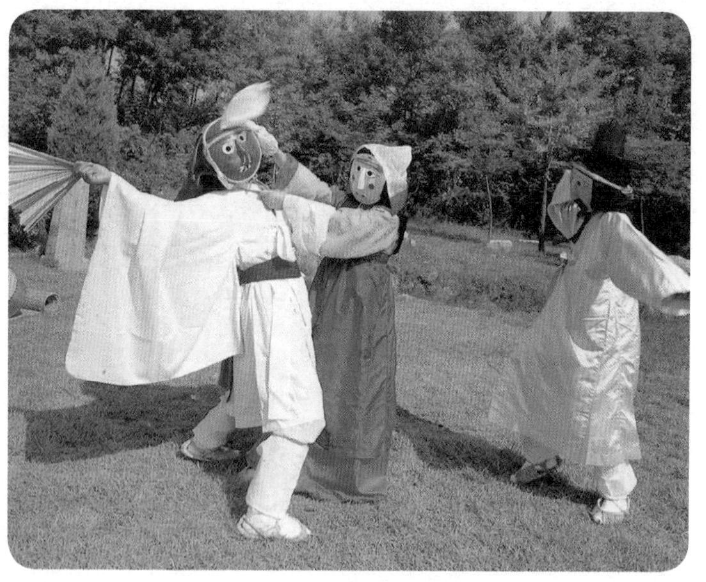

덩실덩실 신나는구나!

탈춤은 얼굴에 탈을 쓰고 추는 우리나라 전통 춤이에요. 탈춤은 조선 시대에 크게 유행했어요. 서민들은 탈로 얼굴을 가리고 평소에는 표현하지 못했던 불만을 마음껏 드러낼 수 있었지요.

탈은 웃는 얼굴의 하회탈을 비롯해 각시탈, 초랭이 등 종류가 다양하고 개성이 넘쳐요. 대표적으로 봉산 탈춤, 하회 별신굿 탈놀이, 북청 사자놀이 등이 있어요. 안동에서는 매년 국제 탈춤 페스티벌이 열리지요.

고얀 녀석, 마마 맛 좀 봐라!

옛날에는 많은 아이가 마마라는 병에 잘 걸렸어요. 열이 펄펄 끓고 피부에는 발진이 나서 병이 나아도 곰보가 되고는 했지요. 옛날 사람들은 마마를 앓게 하는 신을 손님네라고 불렀어요.

손님네는 변덕이 매우 심해서 기분에 따라 심하거나 약한 마마를 앓게 했어요. 특히 손님 대접을 잘하는 집의 아이는 약한 마마를 앓게 하고, 심술이 많아 손님을 박대하는 집의 아이는 마마를 심하게 앓게 했답니다. 마마는 다른 말로 천연두라고도 해요.

질기고 오래가는 종이랍니다!

한지는 우리나라에서 전통 방식으로 만든 종이를 말해요. 주로 닥나무의 껍질을 이용해서 만들었어요. 물에 불린 나무껍질을 잿물에 삶고 햇빛에 말려서 방망이로 두드려 부드럽게 만들어요. 닥풀을 섞은 물에 풀어서 얇게 떠낸 다음 눌러서 물을 빼지요. 마지막으로 바짝 말리고 방망이로 두드려 주름을 펴서 완성해요. 한지는 보관성이 뛰어나 문화재 복원에도 활용하기 좋아요. 다른 나라에서도 문화재 복원에 한지를 쓰고 있지요.

일곱 개의 별이 된 일곱 아들

하늘의 칠성님과 땅의 옥녀 아기씨가 혼인하여 아이를 가졌어요. 그런데 한꺼번에 일곱 명이나 태어나자 칠성님은 나 몰라라 하고 하늘나라로 돌아가 버렸지요. 일곱 아들이 자라 아버지를 찾아서 하늘나라로 올라갔는데, 지난날을 후회하고 있던 칠성님은 일곱 아들을 반갑게 맞이했어요. 이 모습을 질투한 칠성님의 새 부인은 아들들을 죽이려고 했어요. 하지만 아들들은 산짐승의 도움으로 위기에서 벗어났고, 새 부인은 쫓겨나지요. 일곱 아들은 어머니를 하늘나라로 모셔 와 행복하게 살았고, 나중에 하늘을 밝히는 일곱 개의 별 북두칠성이 되었답니다.

더 알면 좋은 이야기

북두칠성은 우리나라의 북쪽 하늘에서 볼 수 있어요. 일곱 개의 별이 국자 모양으로 빛나고 있지요.

한 뿌리만 먹어도 힘이 불끈

인삼은 사람 모양으로 생긴 식물의 뿌리예요. 우리나라에서 재배하는 인삼은 고려 인삼이라고 부르며 세계 최고의 인삼으로 손꼽혀요.

인삼은 몸을 따뜻하게 하고 기운을 회복시켜 주는 등 사람에게 좋은 성분이 가득해요. 허준의 『동의보감』에도 인삼의 효능에 대해서 나와 있지요. 산에서 자연적으로 나는 인삼은 산삼, 말리지 않은 인삼을 찐 것은 홍삼이라고 불러요.

여자여도 뒤지지 않아!

대감집 딸인 자청비는 하늘나라 문곡성의 문도령에게 반해 남장을 하고 3년 동안 함께 지냈어요. 하늘나라로 돌아가게 된 문도령은 자청비가 여인인 것을 알고 결혼을 약속했어요. 하지만 데리러 오겠다는 문도령이 소식이 없자 자청비가 직접 찾아 나섰어요.

고생 끝에 둘은 다시 만났지만 문도령은 곧 전쟁에 나가야 했어요. 그래서 자청비는 문도령 대신 싸우러 나섰어요. 전쟁에서 이기고 돌아온 자청비는 옥황상제에게 갖가지 씨앗을 얻은 뒤 인간 세상으로 내려왔어요. 그리고 사람들에게 씨앗을 나누어 주고 풍년이 들게 도와주었어요. 이렇게 자청비는 농사의 신이 되었지요.

이 맛이 우리 맛이여!

장 담그기는 우리나라에서 전통 방식으로 장을 담그는 것이에요. 한식을 만들 때는 간장, 된장, 고추장 등 장을 많이 사용해요. 이러한 장은 콩으로 만들어요. 콩을 삶아 메주를 만들어 발효시킨 다음 소금물에 담가 두어요. 한 달 이상 지나 메주를 건지고 남은 장을 달이면 간장이 돼요. 건져 낸 메주 덩어리를 잘 부수어서 항아리에 꾹꾹 눌러 담아 숙성시키면 된장이 되지요.

운명은 내 손에 달려 있다고!

감은장아기는 강이영성이서불이와 구에궁전너설궁의 세 딸 중 막내 딸이었어요. 부모님에게 미움을 사 집을 떠난 감은장아기는 마를 캐는 총각을 만나 혼인을 했어요. 그리고 부모님이 장님이 되었다는 소식을 듣고 잔치를 열어서 부모님을 만나 눈을 뜨게 하지요. 거짓말을 해서 지네와 독버섯으로 변한 두 언니도 원래 모습으로 돌아오게 하고요. 그후 감은장아기는 운명신이 되었답니다.

더 알면 좋은 이야기

제주도에는 감은장아기를 불러 가난을 쫓고 부자가 되기를 바라는 전상놀이라는 굿놀이가 있어요.

발차기 맛을 볼 테냐!

태권도는 우리나라의 전통 무예를 바탕으로 한 운동이에요. 주로 손과 발을 이용하여 차기, 지르기, 막기 따위의 기술로 공격하거나 방어하지요. 태권도를 할 때는 도복을 입고 허리에 띠를 묶어 단단히 고정해요. 태권도에서는 몸뿐만 아니라 정신을 단련하는 것도 중요하게 여겨서 예절 교육을 많이 해요. 태권도는 2000년 하계 올림픽부터 정식 종목으로 채택되었어요.

집을 지키는 부부 신이라고?

천하궁 천대목신과 지하궁 지탈부인 사이에서 태어난 황우양씨는 집 짓는 솜씨가 뛰어난 목수였어요. 황우양씨가 천하궁 궁궐을 새로 짓는 일을 맡게 되어 집을 떠나자, 못된 소진랑이 황우양씨의 집과 부인을 차지하려 들었어요. 그러나 총명한 부인은 꾀를 내어 위기를 모면했지요.

황우양씨는 어느 날 이상한 꿈을 꾸고 석 달 만에 궁궐을 다 지었어요. 그리고 소진랑을 찾아가 혼내 주고 부인과 돌아왔지요. 나중에 황우양씨는 성주신이 되고 아내는 지신이 되었어요. 성주신은 집을 지키는 신이고 지신은 집안의 액운을 막아 주는 신이에요.

깃발에 온 우주가 담겨 있어!

태극기는 우리나라의 국기예요. 하얀색 바탕 한가운데에는 태극무늬가 있어요. 태극의 붉은색과 파란색은 음양의 조화를 상징해요. 검은색 4괘는 건곤감리라고 부르는데 하늘, 땅, 물, 불을 상징하지요. 태극기는 1883년에 정식으로 우리나라 국기로 채택되었어요. 태극기는 모양이 조금씩 바뀌다가 1949년에 지금의 모습으로 확정되었어요.

스스로 바위가 되었다고?

제주도 산방산의 동굴에서 태어난 산방덕은 인간 세상이 궁금해서 마을로 내려왔어요. 그리고 첫눈에 반한 남자와 혼인해 행복하게 살았어요. 그런데 새로 부임한 관리가 아름다운 산방덕을 보고 욕심이 나 산방덕의 남편을 귀양 보내 버렸어요. 산방덕에게는 자신을 모시라고 강요했고요. 산방덕은 관리를 피해 산방산 동굴로 들어가 바위가 되었어요. 이후 동굴에서 맑은 물이 계속 흘러 사람들은 이를 두고 산방덕의 눈물이라고 불렀어요.

더 알면 좋은 이야기

산방산은 제주도 서귀포시 안덕면 사계리 바닷가에 있어요. 산방산 기슭 산방굴은 소원을 비는 사람들이 많이 찾아요.

맛있고 건강하고 배부르고!

한식은 우리나라 고유의 요리법과 음식을 말해요. 일반적으로 밥과 국, 반찬으로 이루어져 있어요. 고추장, 된장, 간장 등 장류를 이용한 요리가 많고 대표적인 음식으로는 김치, 비빔밥, 불고기, 된장찌개 등이 있어요. 또한 끓이거나 볶거나 찌거나 굽는 등 음식 조리 방법도 아주 다양해요. 기름을 많이 쓰지 않고 채소를 많이 활용하는 건강한 음식으로 세계에서도 인정받고 있어요.

까치와 까마귀가 다리를 만들어 주다니

어느 별나라에 옷감을 잘 짜는 직녀가 살고 있었는데 이웃 별나라의 소를 끄는 목동 견우와 혼인을 하게 되었어요. 그런데 두 사람이 신혼의 즐거움에 빠져 일을 내팽개치고 게으름을 피우자, 옥황상제는 견우와 직녀를 떼어 놓고 일 년에 한 번 칠월칠석에만 볼 수 있게 했어요. 칠월칠석이 되었지만 은하 때문에 만나지 못하자 두 사람이 흘린 눈물로 홍수가 날 지경이었어요. 그때 까치와 까마귀가 날아와 다리를 놓아 만나게 해 주었어요. 이 다리를 오작교라고 하지요.

집에도 담긴 조상의 지혜

한옥은 우리나라의 전통 방식으로 지은 집을 말해요. 주로 나무와 흙을 이용해서 짓고, 건물은 용도에 따라 나뉘어 있어요. 남편이 지내는 방은 사랑방, 부인이 지내는 방은 안채, 화장실은 뒷간이라고 불렀지요. 여름에는 대청마루에서 시원하게 보내고, 겨울에는 온돌로 난방을 해 따뜻하게 했지요. 한옥은 지역에 따라 일자(一)형, 기역자(ㄱ)형, 미음자(ㅁ)형 등 건물을 배치하는 구조가 달랐어요.

더 알면 좋은 이야기

한옥은 주춧돌 위에 기둥을 세우고, 기둥과 기둥 사이에는 대들보를 대고 서까래를 올렸어요. 못질을 하지 않고 짜 맞춤으로 만들었지요.

고조선을 세운 곰의 아들

단군은 고조선을 세운 왕으로 환웅의 아들이에요. 환웅이 인간 세상을 다스리고 있을 때 곰과 호랑이가 찾아와 사람이 되게 해달라고 빌었어요. 환웅은 쑥과 마늘을 주며 백 일 동안 동굴 밖으로 나가지 않고 지내면 사람이 된다고 했지만 호랑이는 달아나고 곰은 끝까지 버텨 웅녀가 되었어요. 환웅은 웅녀와 혼인하였고 둘 사이에서 단군이 태어났어요. 단군은 널리 인간을 이롭게 하라는 홍익인간 이념으로 나라를 다스렸어요.

더 알면 좋은 이야기

단군은 아사달에 도읍을 정하고 우리나라 최초의 국가 고조선을 세웠어요. 그리고 무려 2천 년 동안 나라를 다스렸어요.

누가 뭐래도 한국 고유의 옷이라고!

한복은 우리나라 고유의 전통 옷이에요. 남자는 저고리에 넓은 바지를 입고 발목 부분을 대님으로 묶어요. 여자는 짧은 저고리에 치마를 입지요. 한복을 입을 때는 버선을 신고, 외출할 때는 두루마기를 입지요. 여자가 머리부터 길게 내려 쓰는 두루마기는 장옷이라고 불러요. 한복은 일상복과 예복이 나뉘어 있으며 계절에 따라 옷감과 장신구 등이 달라요. 오늘날에는 개량 한복도 많이 나왔어요.

유화 공주, 첫눈에 반했소!

해모수는 천제의 아들로 다섯 용이 끄는 수레를 타고 인간 세상으로 내려왔어요. 그리고 북부여를 세우지요. 하루는 해모수가 사냥을 나갔다가 우연히 물의 신 하백의 딸 유화를 보고 반해 하룻밤을 보내게 돼요. 해모수는 하백을 찾아가 자신이 천제의 아들임을 밝히고 유화와 정식으로 혼인하였어요. 그러나 해모수가 자신의 딸을 버릴까봐 걱정한 하백의 옳지 못한 행동에 화가 난 해모수는 유화를 버리고 하늘나라로 올라갔어요. 그 뒤에 유화는 알을 낳는데 알에서 태어난 아이가 주몽이에요.

더 알면 좋은 이야기

해모수가 떠나고 유화는 집에서 쫓겨나 태백산 남쪽 우발수라는 못에서 혼자 지내다가 금와왕을 만났어요.

그릇이 숨을 쉰다니까요

옹기는 음식물을 담아 두는 그릇을 말해요. 진흙을 그대로 구운 질그릇과 잿물을 발라서 구운 오지그릇을 아울러 이르지요. 옹기는 간장이나 쌀 등을 저장하거나 콩나물을 키우는 시루, 물을 긷는 동이로 사용했어요. 작은 공기구멍이 있어서 공기가 잘 통하고 온도를 일정하게 유지해 주어 음식을 발효하거나 오래 두고 먹을 때 좋아요. 게다가 만들기가 쉽고 변형이 되지 않아 많이 쓰였지요.

개구리 모양으로 생긴 아이라고?

부여의 왕 해부루는 자식이 없어서 산과 들을 다니며 기도를 올렸어요. 그러다가 연못가에 있는 큰 바위 아래에서 온몸이 빛나는 아이를 보았어요. 모습이 개구리를 꼭 닮아서 금 개구리라는 뜻의 '금와'라고 이름을 지었지요. 금와는 해부루의 뒤를 이어 동부여의 왕이 되었어요. 금와왕은 쫓겨난 유화를 궁으로 데려와 지낼 곳을 마련해 주기도 했답니다.

더 알면 좋은 이야기

금와왕은 유화가 죽은 뒤 예를 갖추어 장례를 치러 주었다고 해요.

조개껍데기로 멋진 작품을!

나전 칠기는 빛깔이 아름다운 조개 조각을 장식한 옻칠 그릇이나 도구를 말해요. 옻은 옻나무에서 얻은 수액인데, 열이나 물에 강하고 썩지 않아서 오래 보존하기 위해 나무에 칠했어요. 이때 옻칠을 하고 조개껍데기를 잘라 장식한 다음 다시 칠을 하는 것이 나전 칠기이지요. 우리나라 나전 칠기 기술은 세계 최고 수준이라고 인정받고 있어요.

더 알면 좋은 이야기

나전 칠기를 전문적으로 만드는 장인을 나전장이라고 해요. 옻은 피부에 닿으면 옻이 오르기 때문에 다루기 힘든 재료이지요.

알에서 사람이 태어나다니!

주몽의 아버지는 부여의 해모수이고 어머니는 물의 신 하백의 딸 유화예요. 유화가 알을 낳자 주변에서 불길하다고 여기고 알을 내다 버렸지만 짐승들이 먹지 않고 밟지 않았어요. 깰 수도 없었지요. 얼마 뒤 알을 깨고 남자아이가 나왔는데 그가 바로 주몽이에요. 주몽은 활솜씨가 뛰어났어요. 나중에 주몽은 부여의 남쪽으로 내려가 고구려를 세웠고, 동명 성왕이라고도 불러요.

더 알면 좋은 이야기

주몽이 북부여를 탈출할 때 큰 강에 이르러 "나는 천제의 아들이고 하백의 외손자이다."라고 소리쳐 물고기와 자라가 다리를 만들어 주었다는 이야기가 전해요.

바닥이 뜨끈뜨끈한 아랫목이 최고!

온돌은 아궁이에서 불을 때면 더운 열기가 바닥을 데우는 난방 방식이에요. 방바닥에 까는 얇고 넓은 돌인 구들장이 열기로 데워지면 오랫동안 열이 남아 따뜻하지요.

아궁이에서 가까워 방바닥이 더 뜨거운 쪽을 아랫목이라고 해요. 외국에서는 주로 공기를 데우는 난방 방식이라 바닥이 추워 온돌을 수입하는 나라도 있어요. 조립할 수 있는 네모난 판으로 만들어서 설치도 간편하지요.

알에서 나온 빛이 나는 아이!

옛날 서라벌 지역의 여섯 마을의 촌장들이 왕을 세우려고 뜻을 모았어요. 이들이 높은 곳에 올라가 둘러보니 우물 옆에서 흰 말이 무릎을 꿇고 울고 있었어요. 다가가니 흰 말은 사라지고 자줏빛 알이 있었어요. 알에서는 남자아이가 태어났는데 온 몸에서 빛이 났어요. 박과 같은 알에서 태어나 빛으로 세상을 밝힌다고 하여 박혁거세라고 불렀어요. 박혁거세는 새로운 나라인 서라벌을 세우는데, 서라벌은 신라를 부르는 다른 이름이에요.

더 알면 좋은 이야기

박혁거세는 열세 살에 나라를 세우고 왕이 되었어요. 그리고 약 60년 동안 나라를 잘 다스리지요.

단순한 게 더 만들기 힘들다고!

조선백자는 조선 시대에 만들어진 하얀색의 자기를 말해요. 하얀색 흙으로 모양을 만들어 구워낸 것인데, 고려청자보다 모양을 만들기 힘들고 더 높은 온도에서 구워야 했어요. 일본은 임진왜란 때 조선의 도자기 굽는 기술이 탐나 많은 조선 도공을 잡아가기도 했어요. 소박하면서도 절제된 아름다움을 보여 주는 백자 달 항아리는 세계에서도 인정받고 있지요.

황금 궤짝 속에 아이가?

신라 탈해왕은 경주 서쪽의 '시림'이라는 숲에서 닭 울음소리가 울리자, 신하 호공을 보내어 확인하게 했어요. 호공이 가서 보니 나뭇가지에 환하게 빛나는 황금 궤짝이 걸려 있었어요. 탈해왕이 궤짝을 가져오라고 하고 열어 보니 남자아이가 있었어요. 시림은 이때부터 계림이라 불리게 되었어요. 탈해왕은 금(金) 궤짝에서 발견했으므로 김(金)알지라는 이름을 지어 주고 대궐로 데려가 태자로 삼았어요. 김알지는 경주 김씨의 시조예요.

더 알면 좋은 이야기

김알지의 탄생 설화가 전하는 곳은 경상북도 경주시 교동에 있는 계림이에요. 오래된 나무들이 100그루 이상 있는 울창한 숲이지요.

사람이 만들 수 있는 색이 아니야!

고려청자는 고려 때 만들어진 푸른색을 띠는 자기를 말해요. 모양을 만들어 초벌구이를 하고 유약을 바른 다음 재벌구이를 한 것이지요.

고려청자 중에는 상감 기법을 이용한 것이 많았어요. 상감은 흙으로 모양을 만든 다음 무늬를 파내고, 흰색이나 붉은색 흙으로 무늬를 채워 유약을 발라서 굽는 방식이에요. 고려청자의 푸른색은 유약과 흙, 온도 등 정교한 기술이 있어야 만들 수 있었어요.

하늘에서 내려온 여섯 아이 중 최고!

낙동강 주변의 여러 부족 족장들은 구지봉에서 어진 왕을 바라는 제사를 지내며 노래를 불렀어요. 그러자 하늘에서 6개의 황금 알을 내려 주었어요. 알에서 태어난 여섯 명의 아이는 여섯 가야의 왕이 되었고, 가장 큰 알에서 나온 김수로는 금관가야의 왕이 되었지요.

더 알면 좋은 이야기

족장들은 “거북아, 거북아, 머리를 내어라. 만약 내놓지 않으면 구워서 먹으리.”라는 노래를 불렀어요. 이 노래를 ‘구지가’라고 해요.

도굴된 줄도 몰랐는데 일본에서 발견!

분청사기 상감 경태5년명 이선제 묘지는 조선 세종 때 신하 이선제의 묘지예요. 묘지는 죽은 사람의 이름이나 업적 등을 돌이나 판에 새긴 것이지요. 두 개의 넓은 판과 두 개의 좁은 판을 붙여서 세울 수 있게 했는데, 상감 기법과 서체 연구 등에 중요한 유물이에요. 분청사기 상감 경태5년명 이선제 묘지는 도굴되어 일본으로 빼돌려진 것을 소장하고 있던 일본인이 돌려주었어요.

더 알면 좋은 이야기

• 반환 국가 – 일본　　• 반환년도 – 2017년

호랑이가 젖을 먹인 아이

견훤이 갓난아기였을 때 농사일이 바빴던 견훤의 부모님은 포대기에 싼 아기 견훤을 수풀에 놓아두었어요. 그런데 호랑이가 와서 견훤에게 젖을 먹이고 가자 사람들은 보통 아이가 아니라고 여겼어요. 견훤은 키가 크고 생김새도 특이하고 성격도 대범했어요. 마치 호랑이처럼요. 견훤은 신라가 어수선할 때 힘을 키워서 후백제를 세웠어요.

더 알면 좋은 이야기

견훤이 지렁이의 자식이라는 탄생 설화도 있어요.

정교하고 과학적인 해시계야

앙부일구는 조선 때 만들어진 해시계예요. 솥 모양의 안쪽에 시간과 절기를 알 수 있는 선이 그어져 있어 막대의 그림자로 시간을 알 수 있었어요. 2020년에 반환되어 국립 고궁 박물관이 소장하고 있는 이 앙부일구는 18세기 전후에 만들어진 것으로 추정해요. 지름은 24센티미터 정도이고 4개의 받침대가 있는데, 용과 거북의 머리가 새겨져 있어요. 홈을 파서 은실을 박은 은입사 기법으로 만들었어요.

더 알면 좋은 이야기

- 반환 국가 – 미국
- 반환년도 – 2020년

애꾸눈으로 세상을 호령하겠어!

궁예가 태어나는 날 무지개가 뜨자 신라 왕은 궁예가 큰 인물이 될 거라고 여기고 죽이라고 명령했어요. 신하는 아기 궁예를 높은 곳에서 떨어뜨렸는데, 유모가 받아 내 목숨을 구했어요. 하지만 유모의 손가락이 궁예의 눈을 찔러 애꾸눈이 되었지요. 궁예는 승려가 되었다가 절에서 나와 도적의 부하가 되었어요. 그리고 힘을 키워 고구려를 잇는다는 의미로 후고구려를 세웠어요.

더 알면 좋은 이야기

궁예는 자신이 세상을 구할 부처라고 말했어요. 게다가 사람들의 속마음을 읽을 수 있는 관심법을 쓸 수 있다고 했지요.

탑은 해체해서 가져가자!

개성 경천사지 10층 석탑은 고려 충목왕 때 대리석으로 만든 불탑이에요. 개성 외곽에 있는 경천사에 세워졌지요. 원나라 황제와 고려왕의 장수와 복을 기원하며 만든 것으로 원나라의 양식을 따라 장식이 매우 화려해요. 일본인이 탑을 해체해 일본으로 가져갔는데, 일제 강점기 베델과 헐버트 등의 노력으로 돌아올 수 있었어요. 지금은 국립 중앙 박물관 중앙홀에 우뚝 서 있지요.

더 알면 좋은 이야기

- 반환 국가 – 일본
- 반환년도 – 1918년

선화 공주 내 사랑!

백제 무왕의 어릴 때 이름은 서동이에요. 어렸을 때 사비의 남쪽 연못가에 살았는데, 어느 날 신라 진평왕의 딸 선화 공주가 예쁘다는 소식을 듣고 스님으로 변장해 신라로 가지요. 그리고 아이들을 시켜 '서동요'라는 노래를 부르게 했어요. 선화 공주가 밤마다 서동을 찾아간다는 내용이었지요. 이 노래 덕분에 서동은 선화 공주와 혼인하게 되어요. 그리고 백제로 돌아와 무왕이 되었어요.

더 알면 좋은 이야기

서동은 선화 공주 덕분에 밭에 널린 게 값비싼 금이라는 걸 알았어요. 그래서 금을 모아 진평왕에게 보내 사위로 인정을 받았지요.

4

비석까지 파갔다고?

북관대첩비는 임진왜란 때 의병장 정문부가 전쟁에서 승리한 것을 새긴 비석이에요. 정문부는 임진왜란이 일어나자 함경도(관북)에서 의병을 일으켰어요. 그리고 일본군을 상대로 큰 승리를 거두어 일본군은 남쪽으로 물러났지요. 이 내용이 북관대첩비에 새겨져 있어요. 러일 전쟁 당시 일본이 북관대첩비를 파갔는데, 100년 뒤 원래 자리로 돌아왔어요.

더 알면 좋은 이야기

- 반환 국가 – 일본
- 반환년도 – 2005년(한국), 2006년 북한에 전달

누가 바보라고 소문냈어!

고구려 평원왕의 딸 평강 공주는 어릴 때 많이 울었어요. 그래서 왕은 공주가 울 때마다 바보 온달에게 시집보낸다고 했지요. 어느덧 시집갈 나이가 되자 공주는 정말로 온달을 찾아가 혼인을 했어요. 온달은 집안이 가난해서 제대로 배우지도 못했는데 평강 공주가 온달에게 무예와 학문을 가르쳤지요. 온달은 전쟁터에서 큰 공을 세우고 고구려를 지키는 장군이 되었어요.

더 알면 좋은 이야기

온달 장군이 전쟁터에서 목숨을 잃은 뒤 장군의 관을 옮기려는데 꼼짝도 하지 않았어요. 그때 평강 공주가 와서 돌아가자고 하자 관을 옮길 수 있었다고 해요.

이게 사람이 그린 그림이야?

겸재 정선 화첩은 조선 시대 화가 정선이 그린 그림첩이에요. 겸재는 정선의 호예요. 정선은 직접 산과 들을 다니면서 본 풍경을 그렸는데, 이런 그림을 진경산수화라고 해요. 겸재 정선 화첩에는 진경산수화를 비롯한 훌륭한 작품이 실려 있어요. 일제 강점기에 독일의 신부가 수집해 간 것을 2005년 독일 상트 오틸리엔 수도원에서 조건 없이 돌려주었지요.

더 알면 좋은 이야기

- 반환 국가 – 독일
- 반환년도 – 2005년

사랑 때문에 나라를 배신하다니!

낙랑에는 적이 나타나면 스스로 울리는 북과 나팔이 있었어요. 우연히 낙랑 왕을 만나 사위가 된 호동 왕자는 고구려로 돌아와 낙랑 공주에게 편지를 보냈어요. 낙랑의 신기한 북과 나팔을 망가뜨리면 아내로 삼겠다는 내용이었지요. 낙랑 공주가 북과 나팔을 망가뜨리자 호동 왕자는 낙랑을 쳐들어왔어요. 낙랑 왕은 딸이 배신한 것을 알고 딸을 죽인 다음 고구려에 항복했어요.

왕의 결혼식은 어마어마해!

영조정순왕후가례도감의궤는 영조와 계비 정순 왕후의 결혼식 내용을 적은 책이에요. 영조는 왕비인 정성 왕후가 죽자 새로운 왕비를 맞았어요. 그 모습을 그린 친영반차도에는 379마리의 말과 1,299명의 사람이 그려져 있어요.

영조정순왕후가례도감의궤는 프랑스 파리 국립 도서관 지하에 보관되어 있던 것을 박병선 박사가 찾아서 우리나라로 돌아올 수 있었어요.

더 알면 좋은 이야기

- 반환 국가 – 프랑스
- 반환년도 – 2011년

바위를 타고 일본으로 간 부부

동해 바닷가 마을에 연오랑과 세오녀가 살고 있었어요. 하루는 연오랑이 바닷가에서 해초를 따는데 갑자기 바위가 움직이더니 연오랑을 일본으로 데려갔어요. 남편을 찾던 세오녀도 바위에 실려 일본으로 가게 되지요. 두 사람이 사라지자 신라에서는 해와 달이 빛을 잃어 왕은 두 사람에게 돌아오라고 했어요. 하지만 연오랑과 세오녀는 돌아가는 대신 비단을 보냈고, 비단으로 제사를 올리니 해와 달이 빛을 찾았어요.

더 알면 좋은 이야기

경상북도 포항시 남구 동해면에는 바다와 맞닿은 곳에 연오랑 세오녀 테마공원이 있어요.

신라인이 이렇게 미소 지었다고?

경주 얼굴무늬 수막새는 신라 때 만들어진 기와예요. 수막새는 기와 지붕을 만들 때 수키와를 쭉 이어서 만들어진 기왓등 끝에 붙인 것이에요. 수막새에는 연꽃이나 사람 얼굴, 동물, 귀신 얼굴 등을 새겼는데 얼굴무늬를 새긴 수막새는 드물었어요.

얼굴무늬 수막새는 아래쪽이 깨졌지만 인자한 미소를 띠고 있어 신라인의 미소로 불려요. 일제 강점기에 일본인에 의해 반출되었다가 1972년에 국내로 돌아왔어요.

더 알면 좋은 이야기

• 반환 국가 – 일본　　• 반환년도 – 1972년

남편의 그림자라도 보고 싶어

백제 최고의 석공 아사달은 신라에서 짓고 있던 불국사에 탑을 세워 달라는 부탁을 받고 신라로 떠났어요. 한참 뒤 아사녀는 남편 아사달을 보러 신라로 가시만 탑이 완성되기 전까지는 만날 수가 없었어요. 한 스님이 연못에 기도하면 그림자가 보일 거라고 해서 열심히 기도했지만 볼 수 없자 아사녀는 연못에 몸을 던졌어요. 얼마 뒤 석가탑을 완성한 아사달은 아사녀의 소식을 듣고 자신도 연못에 몸을 던졌답니다.

더 알면 좋은 이야기

아사녀와 아사달이 몸을 던진 연못은 그림자 연못이라는 뜻으로 영지라고 해요. 연못에 그림자가 보이지 않은 석가탑은 무영탑이라고 하지요.

12월

세계가 인정한 우리 문화

임금님 귀는 당나귀 귀!

신라 경문왕은 왕위에 오른 다음 갑자기 귀가 길어져서 누가 알까 걱정이었어요. 오직 왕의 두건을 만드는 사람만 이 사실을 알고 있었지요. 그런데 그 사람이 죽기 직전 도림사의 대나무 숲에 들어가 "임금님 귀는 당나귀 귀"라고 외쳤어요. 바람이 불 때마다 대나무 숲에서 이 소리가 들리자 경문왕은 대나무를 모두 베고 산수유를 심으라고 했어요. 그럼에도 불구하고 그 소리는 여전했다고 해요.

더 알면 좋은 이야기

도림사는 서라벌 입구에 있었다고 하는데 지금은 남아 있지 않아요. 경주 구황동 모전석탑지가 도림사가 있었던 곳이라고 추정해요.

모두의 마음으로 촛불을 밝히다

촛불 집회는 사람들이 거리에서 촛불을 들고 여는 평화적인 시위예요. 여중생이 미군 장갑차에 치여 숨진 일과 미국산 쇠고기 수입 반대로 대규모 촛불 집회가 있었어요. 그리고 2014년 4월 세월호가 가라앉으며 300명이 넘는 사람들이 죽거나 실종되자 국민들은 제대로 구조를 하지 못한 정부를 규탄하며 촛불 집회를 열었어요. 2016년에는 대통령의 국정 운영 과정이 잘못되었음이 드러나면서 대규모의 촛불 집회가 이어져 결국 대통령이 자리에서 물러났어요.

돌이 날아오르다니!

의상이 당에서 불교 공부를 마치고 신라로 돌아갈 때였어요. 의상을 따라가고 싶었던 선묘 낭자는 바다에 몸을 던지고 용이 되었어요. 그리고 의상이 무사히 바다를 건널 수 있도록 지켰지요. 신라로 돌아온 의상이 절을 지으려고 할 때였어요. 반대하는 무리 때문에 절을 짓지 못하자 선묘 낭자는 용으로 변해 돌을 공중에 띄웠어요. 덕분에 의상은 무사히 절을 완성하고 절의 이름을 '돌이 뜨다(부석)'라는 뜻의 부석사라고 불렀어요.

더 알면 좋은 이야기

부석사에는 선비화라고 불리는 지팡이나무가 있어요. 의상이 죽기 전 조사당 처마 밑에 꽂은 지팡이에서 싹이 난 나무라는 이야기가 전하지요.

축구 경기, 세계가 하나가 되다!

2002 한일 월드컵은 2002년 한국과 일본이 공동으로 개최한 월드컵 경기예요. 아시아 지역에서 처음 열린 월드컵으로, 두 나라가 함께 개최한 것도 처음이었어요. 우리나라는 4강에 올랐고, 우승은 브라질이 차지했어요. 월드컵 경기가 있는 날마다 사람들은 붉은색 옷을 입고 거리로 나와서 거리 응원을 했어요. 광화문과 서울 시청 앞 광장에는 수백만 명의 함성 소리가 울려 퍼졌지요.

용이 준 나무로 피리를 만들었다고?

삼국을 통일한 문무왕은 자신이 죽은 뒤 바다에 묻히면 용이 되어 나라를 지키겠다고 유언을 남겼어요. 아들 신문왕은 바닷가 바위에 장례를 치른 뒤 아버지를 위해 감은사를 지었어요. 그러자 문무왕과 장군 김유신이 용이 되어 나타나 대나무를 주었어요. 대나무로 피리를 만들어 불자 신라는 모든 걱정이 사라지고 평안해졌어요. 이 피리는 '만 개의 고난을 가라앉히는 피리'라는 뜻으로 만파식적이라고 불렀어요.

남북한 지도자들이 직접 만나다!

남북 정상 회담은 대한민국과 조선민주주의인민공화국의 지도자가 직접 만나 연 회담이에요. 2000년 김대중 대통령과 김정일 국방 위원장은 평양에서 만나 회담을 가졌어요. 통일 문제와 이산가족 상봉, 경제 협력 등을 논의하고 남북 공동 선언을 발표했지요. 2007년에는 노무현 대통령도 김정일 국방 위원장을 만나 남북 정상 회담을 열었어요. 2018년에는 문재인 대통령과 김정은 국무 위원장이 만나 남북 정상 회담을 열었지요.

더 알면 좋은 이야기

2000년 6·15 남북 공동 선언 이후 육로를 이용한 금강산 관광과 개성 공단 설치, 경의선 개통 등이 이루어졌지요.

2월

나라를 이끈 위대한 왕

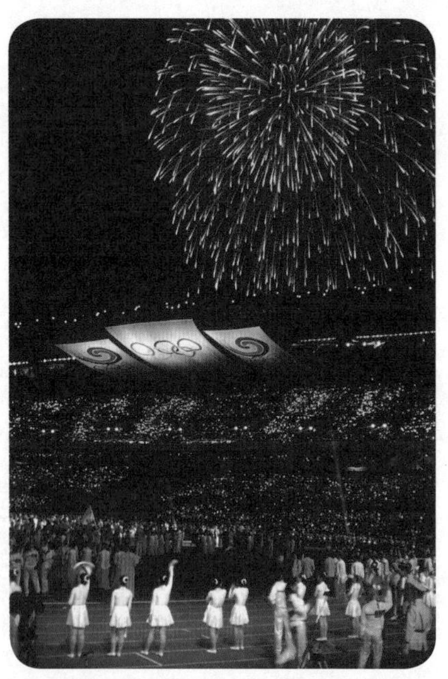

서울에 모인 전 세계인의 함성!

서울 올림픽은 1988년에 우리나라에서 열린 하계 올림픽 대회예요. 올림픽은 4년마다 나라를 바꾸어 열려요. 우리나라에서는 제24회 하계 올림픽 대회가 열렸는데, 사회주의 국가에서도 참가하여 당시 가장 큰 규모로 열렸어요.

우리나라는 메달 순위 4위를 차지하면서 올림픽 참가 역사상 가장 좋은 결과를 얻었고 우리나라를 세계에 알릴 수 있었어요. 하지만 도로를 정비하면서 살 곳을 잃은 사람들도 생겼지요.

고구려를 바로 세우자!

소수림왕은 고구려의 제17대 왕이에요. 고구려를 새롭게 바꾸기 위해서 불교를 받아들이고, 태학을 세웠어요. 태학은 우리나라 최초로 인재를 키우기 위해 세운 국립 대학이에요.

소수림왕은 나라를 다스리는 법과 규정을 정리한 율령도 반포했어요. 소수림왕의 정책 덕분에 고구려는 강한 나라로 커 가는 기틀을 세울 수 있었어요.

더 알면 좋은 이야기

소수림왕이 세운 태학에는 신분이 높은 계급의 자녀만 들어갈 수 있었어요. 주로 유교 경전을 배우고 무예를 익혔어요.

빌린 돈을 갚으려고 너도나도 금 모으기!

우리나라 경제가 빠르게 성장하자 외국 투자자의 돈을 빌려서 기업을 키워 나가는 회사가 많았어요. 그런데 회사가 망하자 돈을 빌려준 은행들도 어려움을 겪고 외국에서는 우리나라에 빌려준 돈을 돌려 달라고 했어요. 결국 우리나라 경제가 위기에 빠져 정부는 1997년 국제 통화 기금(IMF)에 돈을 빌려야 했어요. 그러자 국민들은 금 모으기 운동, 아나바다 운동을 벌이며 빚을 갚으려고 노력해 2001년 IMF에 빌린 돈을 모두 갚을 수 있었어요.

나는야 최고의 정복왕!

광개토 대왕은 고구려의 제19대 왕이에요. 고구려를 강한 나라로 만들기 위해서 주변 나라들을 공격해 영토를 넓혀 갔지요.

남쪽으로는 백제를 공격해 한강 북쪽 지역을 손에 넣고, 북쪽으로는 중국의 후연과 전쟁을 벌여 요동 지방을 차지했어요. 또한 고구려와 가까운 거란·숙신·동부여 등의 항복을 받으며 고구려의 전성기를 이끌었어요.

더 알면 좋은 이야기

광개토 대왕은 영락이라는 연호를 써서 영락 대왕이라고도 불러요. 연호는 왕이 즉위한 해에 붙이던 이름이에요.

우리 손으로 대통령을 뽑겠어!

6월 민주 항쟁은 대통령을 직접 뽑고 민주주의를 되찾기 위해 전국적으로 일어난 민주 항쟁이에요. 시위에 참여한 대학생 박종철과 이한열이 목숨을 잃자 학생과 직장인을 비롯한 수많은 사람이 1987년 6월 10일 오후 6시에 애국가를 부르며 거리로 쏟아져 나왔어요. 100만 명이 넘는 사람들이 시위에 참여하면서 경찰도 더 이상 막을 수가 없자 여당의 대통령 후보였던 노태우는 대통령을 국민이 직접 뽑게 하겠다고 약속했어요.

고구려를 넘볼 자 누구냐!

장수왕은 고구려의 제20대 왕이에요. 아버지 광개토 대왕과 달리 장수왕은 남쪽으로 영토를 넓히는 남진 정책을 폈어요. 그래서 국내성에서 더 남쪽으로 내려간 평양으로 도읍을 옮기고, 백제의 도읍 한성을 함락시켰어요. 충청북도 충주에는 장수왕의 남진을 알려 주는 충주 고구려비가 남아 있어요.

장수왕은 광개토 대왕에 이어 고구려의 최전성기를 이끌었답니다.

더 알면 좋은 이야기

장수왕은 무려 98세까지 살아서 장수(長壽)왕이라고 불려요.

광주에 묻힌 진실은?

5·18 민주화 운동은 전라남도 광주에서 일어난 대규모의 민주화 운동이에요. 전두환이 중심이 된 군인 세력은 권력을 쥐고 시민들이 반대 시위를 하지 못하게 막았어요. 그러던 중 1980년 5월 18일 광주에서 시위가 일어나자 계엄군은 사람들에게 총을 겨누었어요. 죄 없는 광주 시민들 수백 명이 죽고 수천 명이 다쳤지만 다른 곳에서는 광주의 소식을 몰랐어요. 한참 뒤 전두환은 이 일로 재판을 받게 되지요.

내 힘으로 나라를 세우겠어!

온조는 주몽과 소서노의 아들로 백제를 세운 왕이에요. 소서노는 주몽이 부여에 있을 때 태어난 아들 유리가 고구려로 와 주몽의 뒤를 잇자, 두 아들인 온조·비류와 함께 남쪽으로 내려갔어요.

온조는 한강 근처의 위례성에 백제를 세우고 비류는 바닷가 근처의 미추홀에 나라를 세웠어요. 하지만 바닷가는 농사가 잘되지 않아 비류가 죽은 뒤 비류의 백성들은 온조가 세운 백제로 오게 되었고, 온조는 이들을 따뜻이 받아 주었답니다.

옷도 머리도 나라에서 정한 대로!

박정희 정부 때 대학생들 사이에는 미니스커트가 유행했어요. 그러자 경찰들은 스커트의 길이를 재서 너무 짧으면 입지 못하게 했어요. 게다가 남자들이 머리를 기르는 것도 단속했어요. 머리가 긴 남자를 잡아서 길이를 잰 다음 강제로 머리를 자르기도 했지요. 정부에서는 미니스커트나 장발이 건전하지 못하고 사회 분위기를 흐린다고 생각했거든요.

백제의 전성기는 내가 이끈다!

근초고왕은 백제의 제13대 왕이에요. 한반도의 중부와 남부 지역을 차지하고 고구려의 평양성을 공격하여, 고구려의 제16대 왕인 고국원왕을 죽이고 승리를 거두었어요. 덕분에 북쪽으로 고구려의 일부 지역까지 영토를 넓히며 백제의 전성기를 이끌었지요. 또한 일본과도 교류하면서 학자 왕인과 아직기를 보내 백제의 문물을 전하게 했어요.

더 알면 좋은 이야기

근초고왕 때 일본으로 간 학자 왕인과 아직기는 일본 태자의 스승이 되어 학문을 가르쳤어요.

노동자는 기계가 아니다!

전태일은 노동 문제를 알린 노동 운동가예요. 집안이 가난해 어릴 때부터 힘들게 일하다가 평화 시장에서 재봉사로 일하게 되었어요. 일을 하던 전태일은 열악한 환경에서 일하는 어린 여공들의 모습을 보는 등 노동자들의 현실을 자각하게 되어 근로기준법을 공부하기 시작했어요.

전태일은 노동자의 권리를 찾고 노동 환경을 바꾸기 위해 시위를 계획했지만 무산되자 몸에 불을 질러 목숨을 끊었어요. 전태일의 희생으로 사람들은 노동자의 권리에 관심을 갖게 되었지요.

어디 힘든 백성은 없나?

무령왕은 백제의 제25대 왕이에요. 고구려의 공격을 받아 약해진 나라의 힘을 키우는 데 힘썼어요. 무령왕은 왕족들에게 지방을 다스리게 하고, 백성들을 위해 곡식을 나누어 주거나 저수지를 만들게 했지요.

이렇게 왕의 힘을 키우는 한편, 중국과 교류하며 여러 문물을 받아들였어요. 무령왕릉은 중국식 무덤 양식을 보여 백제와 중국이 교류했다는 걸 알 수 있지요.

더 알면 좋은 이야기

무령왕은 기록에 따르면 8척 장신에 눈매가 그린 듯 아름다웠으며 인자하고 너그러웠다고 해요.

농촌도 잘 살아 보세!

새마을 운동은 농촌을 바꾸기 위해 시행된 운동이에요. 많은 사람들이 일자리를 찾아 도시로만 모여 들자 정부는 농촌을 바꾸기 위해 '잘 살아 보세'라는 구호로 새마을 운동을 벌였어요. 농촌의 집을 현대식으로 바꾸고, 길을 반듯하게 닦고, 농사짓는 기술도 개발해 더 많은 곡식을 거둘 수 있게 했지요. 마을마다 "새벽종이 울렸네 새아침이 밝았네"로 시작하는 새마을 노래가 울려 퍼졌어요.

더 알면 좋은 이야기

새마을 운동 깃발은 초록색 바탕에 노란 동그라미가 있고 안에 초록색 새싹이 있는 모양이에요. '새마을' 글씨는 박정희 대통령이 썼어요.

백제의 마지막을 내가 보다니!

의자왕은 백제의 제31대 왕이에요. 즉위 초반에는 신라를 공격해 대야성을 비롯한 여러 성을 빼앗았어요. 나라도 잘 다스렸지요. 하지만 왕이 된 지 15년이 지난 후부터 사치를 부리고 노는 것을 즐기면서 백제는 점점 힘을 잃었어요. 신라와 당나라가 힘을 모아 공격하자 결국 의자왕은 항복하고 말았지요.

더 알면 좋은 이야기

충청남도 부여군 부소산의 낙화암은 백제가 멸망하자 궁녀 3,000명이 백마강 바위에서 뛰어내렸다는 이야기가 전하는 곳이에요.

놀라운 경제 성장을 가리키는 말은?

박정희 정부는 적극적으로 경제를 발전시키는 일들을 추진해 나갔어요. 공장을 세우고 외국에서 기술을 들여와 상품을 만들어 수출했어요. 해외로 나간 노동자들은 열심히 일해 우리나라로 돈을 보냈지요. 전국에 고속국도가 나고 집집마다 전기가 들어왔으며 텔레비전이 보급되었어요. 짧은 기간에 빠른 경제 성장을 이룬 모습을 보고 외국인들은 '한강의 기적'이라며 놀라워했어요.

귀족들을 누를 최고의 방법은?

법흥왕은 신라의 제23대 왕으로, 귀족들의 힘을 누르고 왕의 힘을 키우기 위해 불교를 받아들였어요. 법흥왕은 나라의 법령인 율령을 반포하고 군사 업무를 담당하는 병부를 두었어요. 골품제도 다시 정리했고요. 모두 왕의 힘을 강하게 만들기 위해서였어요. 게다가 금관가야를 멸망시키며 영토도 넓혀 갔지요.

더 알면 좋은 이야기

법흥왕은 용모가 뛰어난 귀족 자제를 모아 수련하는 단체인 화랑을 만들었어요.

한국과 일본이 다시 국교를 맺다

한일 회담은 1952년부터 1965년까지 일곱 번이나 열린 한국과 일본의 회담이에요. 대통령이 된 박정희는 일본과 외교 관계를 맺어 경제적 이득을 취하고자 했어요.

하지만 국민들은 일본에 우리나라를 침략한 것에 대한 사죄와 배상을 요구하며 한일 회담을 반대했어요. 정부는 시위를 막고 일본과 협정을 체결해 일본으로부터 돈을 받고 외교 관계를 맺었지요.

더 알면 좋은 이야기

1965년 체결된 한일 기본 조약으로 한국과 일본은 외교 관계가 이어지고, 일본은 한국을 대한민국을 유일한 합법 정부로 인정했어요.

땅을 넓히고 순수비를 세워라!

진흥왕은 신라의 제24대 왕이에요. 왕이 되자 영토를 넓히는 데 힘을 쏟았어요. 우선 백제와 힘을 모아 고구려를 공격해 한강 주변을 손에 넣었어요. 그런 다음 백제를 쳐서 한강 전체를 차지했지요.

진흥왕은 북쪽으로 더욱 영토를 넓히고 남쪽으로 가야를 공격했어요. 신라가 점령한 곳에는 진흥왕 순수비를 세워 신라의 땅이라고 알렸어요.

더 알면 좋은 이야기

진흥왕이 세운 진흥왕 순수비는 현재 창녕비, 북한산비, 황초령비, 마운령비가 남아 있어요.

전쟁에서 돈을 벌어 왔다고?

베트남에서 전쟁이 일어나자 미국은 군대를 보내 한쪽 편을 들었어요. 그러면서 다른 나라에도 군대를 보내 달라고 했지요. 우리나라는 국민들의 반대에도 불구하고 30만 명이 넘는 군대를 보냈는데 그중 수천 명이 목숨을 잃었어요.

베트남 전쟁에 파병된 사람들은 월급을 우리나라로 보냈고, 그 돈은 우리나라 경제를 발전시키는 데 쓰였어요. 하지만 참전 용사들은 고엽제로 인한 피해 등 후유증이 심했지요.

이런 뜻이구나!

고엽제는 미국이 베트남 전쟁 당시 적군의 은신처인 숲을 고사시키기 위해 사용한 맹독성 제초제예요.

최초의 여왕 등극이오!

선덕 여왕은 신라의 제27대 왕이에요. 진평왕의 큰딸로 우리나라 최초의 여왕이지요. 선덕 여왕은 인재를 당나라에 유학을 보내 교육시키고 당나라 문화를 받아들였어요. 당나라와 교류하면서 백제와 고구려의 침공을 막으려고 했지요.

선덕 여왕은 주변 나라들로부터 신라를 지키려는 의지를 담아 황룡사 9층 목탑을 만들게 했어요. 동양에서 가장 오래된 천문 기상 관측대인 첨성대도 선덕 여왕 때 만들어졌어요.

더 알면 좋은 이야기

선덕 여왕릉은 경상북도 경주시 보문동 낭산 정상에 있어요. 낭산은 신라 사람들이 성스럽게 여긴 산이에요.

대통령을 계속 해야겠어!

박정희는 17년간 독재 정치를 한 대통령이에요. 군인들을 앞세워 장면 정부를 무너뜨리고 정당을 만들어서 대통령에 당선되었어요. 경제를 발전시키고 새마을 운동을 추진하여 두 번이나 대통령에 당선되었는데, 다시 대통령이 되기 위해 헌법을 바꾸었어요. 그것도 모자라 대통령이 모든 권한을 가지는 유신 헌법을 공포하고 반대 시위를 강하게 억눌렀어요. 결국 중앙정보부장 김재규의 총에 맞아 눈을 감았어요.

백제부터 치고, 다음은 고구려

태종 무열왕은 신라의 제29대 왕이에요. 진덕 여왕의 뒤를 이어서 51세라는 늦은 나이에 왕위에 올랐지요. 이름은 김춘추이고 백제 의자왕이 대야성을 공격했을 때 딸과 사위를 잃었어요. 그래서 당나라와 힘을 모아 백제와 고구려를 공격했지요.

태종 무열왕은 의자왕의 항복을 받고 백제를 멸망시켰지만 삼국 통일은 이루지 못하고 세상을 떠났어요.

더 알면 좋은 이야기

무열왕릉은 경상북도 경주시 서악동에 있어요. 무열왕릉비가 남아 있어서 태종 무열왕의 무덤이라는 걸 알 수 있지요.

군인들이 정치가로 변신했다고?

5·16 군사 정변은 박정희가 지휘한 군인들이 일으킨 정변이에요. 권력을 잡을 기회를 엿보고 있던 군인들은 5월 16일 탱크를 앞세우고 서울로 들어왔어요. 그리고 방송국과 국회, 법원 등 주요 기관을 점령하고 전국에 비상계엄을 선포했어요. 나라가 비상사태이니 군인들이 혼란을 수습하겠다면서요. 이렇게 권력을 잡은 박정희와 군인들은 군복을 벗고 정당을 만들었고, 박정희는 대통령에 당선되었지요.

삼국 통일을 내 손으로

문무왕은 신라의 제30대 왕이에요. 태종 무열왕의 아들로, 백제가 멸망한 다음 당과 함께 고구려를 공격했어요.

당은 백제가 멸망한 뒤 웅진 도독부를 설치하였고, 고구려 멸망 뒤에는 안동 도호부를 세워 직접 그 지역을 관리하겠다고 나섰어요. 문무왕은 당나라 군대와 전쟁을 벌여 승리하였고, 당나라 군대를 몰아냄으로써 마침내 삼국 통일을 이루었어요.

민주 시위로 대통령을 몰아내다!

4·19 혁명은 부정 선거를 저지른 이승만과 자유당에 반대해 벌인 민주 항쟁이에요. 부정 선거 항의 시위가 끊이지 않고 있을 때 최루탄에 맞은 학생의 시신이 마산 앞바다에서 떠오르자 4월 19일 서울에서 큰 시위가 벌어졌어요. 평화적으로 시위에 나선 학생들은 경찰의 총에 맞아 쓰러졌지요. 전국적으로 시위가 거세지자 이승만은 대통령 자리에서 물러났고 새로운 정부가 들어섰어요.

동쪽의 강한 나라 '해동성국'

대조영은 발해를 세운 왕이에요. 고구려가 멸망하고 당나라에 끌려 갔던 대조영은 무리를 이끌고 동모산에 도착해 옛 고구려 땅에 나라를 세우고 나라 이름을 발해라고 하였어요.

발해는 일본·신라 등과 교류하면서 힘을 키워 갔어요. 또한 북쪽으로 영토를 넓혀 가며 옛 고구려의 땅을 거의 모두 차지했지요.

이런 뜻이구나!

발해를 해동성국이라고 부르는데, '바다 동쪽에 있는 번성한 나라'라는 뜻이에요.

선거에서 이래도 되는 거야?

3·15 부정 선거는 자유당의 이승만과 이기붕을 당선시키려고 결과를 조작한 선거를 말해요. 초대 대통령 이승만은 계속 대통령 자리에 있기 위해 헌법을 바꾸며 몇 번이나 대통령에 뽑혔어요. 그러다 1960년 3월 15일 선거 때는 미리 찍은 표를 투표함에 넣어 두거나 누구를 찍었는지 확인받게 하는 등 온갖 부정한 방법들을 동원하기까지 했지요. 결국 참지 못한 국민들은 전국에서 부정 선거 항의 시위를 벌였어요.

한반도를 다시 하나의 나라로

태조 왕건은 후삼국을 통일하고 고려를 세운 왕이에요. 왕건은 궁예를 몰아내고 왕위에 오른 다음 고구려의 정신을 잇는다는 의미로 나라 이름을 '고려'라고 정했어요.

왕건은 지방의 세력가들을 자기편으로 만들고 신라의 항복을 받아낸 뒤, 후백제를 물리쳐서 후삼국을 통일했어요.

더 알면 좋은 이야기

왕건은 죽기 전 후손들이 새겨야 할 열 가지 교훈 '훈요십조'를 남겼어요. 후대의 왕들은 이것을 참고해서 나라를 다스렸어요.

누가 이 사람을 아시나요?

이산가족은 6·25 전쟁과 남북 분단으로 소식을 알 수 없는 가족을 말해요. 6·25 전쟁으로 피난을 떠나면서 헤어진 가족들은 소식을 알기 어렵게 되었어요. 특히 남과 북으로 갈라진 가족들은 더욱 그랬지요.

1983년 한국방송공사는 이산가족을 찾아주는 프로그램을 기획해 무려 450시간이 넘게 방송했고, 이 영상은 유네스코 세계 기록 유산에 등재되었어요. 남북 이산가족은 남북 정상 회담 이후 정식으로 상봉 행사가 진행되었어요.

왕의 힘이 제일 세야지!

광종은 고려의 제4대 왕이에요. 왕의 힘을 키우기 위한 여러 정책을 펼친 왕이지요. 특히 귀족들이 개인적으로 소유한 노비 중 양민이었던 사람들을 풀어 주는 노비안검법을 시행했어요. 또한 능력 있는 관리를 뽑기 위해 과거 제도를 실시하였고, 신하들은 등급에 따라 관복을 입도록 했어요. 모두 귀족의 힘을 누르고 왕권을 강화하려는 목적으로 시행한 것이었지요.

더 알면 좋은 이야기

광종의 곁에는 중국에서 귀화한 쌍기라는 신하가 있었어요. 쌍기가 과거 제도를 건의하여 광종 때 과거 제도가 실시되었어요.

정전 협정이 열린 곳은?

판문점은 남한과 북한의 경계에 있는 공동 경비 구역이에요. 6·25 전쟁 때 첫 정전 회담은 개성에서 열렸는데, 이후 남과 북 어느 쪽에도 속하지 않는 장소인 널문리로 장소를 정했어요. 판문점은 '널문리에 있는 가게'라는 뜻이지요.

1953년 전쟁을 멈추려고 국제 연합군 대표와 북한 대표는 판문점에서 정전 협정을 체결했어요. 하지만 당사자였던 남한은 참석하지 못했지요.

불교보다 유교가 좋아

성종은 고려의 제6대 왕이에요. 왕건이 고려를 세울 때부터 나라의 종교는 불교였는데, 성종은 유교의 이념을 따르도록 했어요. 그래야 왕에게 힘이 모일 것이라고 생각했거든요.

성종은 풍년이나 흉년에 상관없이 백성들이 손해를 보지 않도록 상평창을 만들어 곡식의 값을 유지하게 했어요. 그리고 거란의 침략으로 고려가 위기에 빠졌을 때는 서희의 담판으로 무사히 넘기기도 했지요.

더 알면 좋은 이야기

성종은 유학을 가르치기 위해 교육 기관인 국자감을 설치했어요. 국자감은 나중에 국학, 성균감, 성균관 등으로 이름이 바뀌었어요.

인천 상륙, 전쟁의 기세를 바꾸다!

인천 상륙 작전은 6·25 전쟁 때 맥아더 장군의 제안에 따라 인천으로 들어가 북한군의 뒤를 공격한 작전이에요. 38도선을 넘은 북한은 엄청난 기세로 낙동강까지 밀어붙였어요. 그러자 맥아더 장군은 인천을 공격해 북한군의 보급로를 끊자고 제안했지요. 국제 연합군과 국군은 거짓 정보를 흘리고 인천으로 들어가 서울을 되찾았어요. 이 작전 덕분에 국제 연합군과 국군은 압록강까지 진격할 수 있었지요.

원나라는 왜 자꾸 간섭이야?

공민왕은 고려의 제31대 왕이에요. 고려는 오랜 세월에 걸쳐 몽골의 침입을 받았어요. 결국 고려는 몽골과 강화를 맺게 되었고, 이후 몽골이 세운 원의 간섭을 심하게 받았지요.

공민왕은 원의 간섭을 벗어나기 위해 왕의 이름에 '충(忠)' 자를 쓰지 않는 등 고려를 바로 세우는 일을 시작했어요. 그리고 승려 신돈을 시켜 백성들의 억울함도 살폈지요. 하지만 개혁을 이루지 못하고 신하에게 죽임을 당했어요.

이런 뜻이구나!

'강화'란 싸우던 두 편이 싸움을 멈추고 평화로운 상태가 되는 것을 뜻해요.

한민족이 둘로 나뉜 비극적인 전쟁은?

6·25 전쟁은 1950년 북한이 남한으로 쳐들어오면서 시작된 전쟁이에요. 북한은 중국과 소련의 도움을 받아 무력으로 한반도를 통일하려고 탱크를 앞세우고 38도선을 넘어왔어요. 국제 연합에서는 남한을 돕기 위해 국제 연합군을 보냈고, 중국도 북한을 돕기 위해 중국군을 보냈어요. 전쟁은 엎치락뒤치락했는데, 소련에서 먼저 휴전을 제안해 1953년 정전 협정이 체결되면서 끝났어요.

새 나라를 조선이라 부르라!

태조 이성계는 조선을 세운 제1대 왕이에요. 이성계는 고려의 장군이었는데 왕의 명령으로 군사를 이끌고 전쟁터로 가던 중에 위화도에서 말을 돌려 궁으로 갔어요. 이 사건을 위화도 회군이라고 해요. 이성계는 왕을 몰아내고 새 나라를 세웠지요.

이성계는 나라 이름을 조선으로 정하고 한양을 도읍으로 삼았어요. 유교를 중시하는 정책을 폈으며 새 나라의 법과 제도도 정리했지요.

친일파를 벌주는 줄 알았더니!

반민 특위는 일제 강점기에 일본 편에서 우리 민족을 괴롭힌 친일파들을 조사한 조직이에요. 정식 이름은 '반민족 행위 특별 조사 위원회'예요. 반민 특위는 친일을 한 사람들을 조사해 재판에 넘겼는데, 처벌을 받더라도 금세 풀려났어요. 게다가 여전히 권력을 쥐고 있던 친일파들은 반민 특위를 협박하고 경찰들을 동원해 반민 특위를 습격했어요. 친일파들을 제대로 벌주지 못하고 반민 특위는 1년도 안 되어 해산됐어요.

조선의 기틀은 내가 닦는다!

태종은 조선의 제3대 왕이에요. 태조 이성계의 다섯째 아들로, 형제들을 죽이고 왕이 되었지요.

태종은 왕이 된 후 전국을 여덟 개의 도로 나누어 다스리고 군사 제도를 정비하는 등 직접 나랏일을 살폈어요. 전국의 인구를 조사하고 열여섯 살 이상의 남자는 호패를 지니게 한 호패법을 시행했는데, 백성들을 나랏일에 잘 쓰기 위해서였지요. 백성이 직접 북을 울려서 억울함을 호소할 수 있는 신문고를 설치하기도 했어요.

더 알면 좋은 이야기

태종이 다져 놓은 기반 위에서 아들 세종 대왕의 업적이 이루어졌지요.

북한에서도 정권이 수립되다!

조선민주주의인민공화국은 북한의 정식 이름이에요. 남한에서 5·10 총선거를 치르고 정부를 세우자 북한에서는 남한보다 조금 늦게 조선민주주의인민공화국 정권이 수립되었어요. 수상으로는 김일성이 뽑혔지요. 조선민주주의인민공화국은 1인 독재 체제예요. 그래서 모든 권력이 지도자에게 있고 지도자가 죽으면 아들에게 자리를 물려주지요.

백성들이 모두 글을 읽고 쓸 수 있다면!

세종은 조선의 제4대 왕이에요. 세종은 우수한 신하들을 뽑아 집현전에서 학문을 연구하게 하였고, 장영실을 시켜 측우기·해시계·물시계 등 여러 발명품을 만들게 했지요.

세종의 가장 큰 업적은 우리나라 고유의 문자인 '훈민정음'을 만든 것이에요. 배우기 힘든 한자 때문에 억울한 일을 당하는 백성이 없도록 하기 위해서였지요. 이러한 뛰어난 업적으로 세종 대왕이라고도 부르지요.

대통령 자리에서 안 내려갈 거야!

이승만은 대한민국 초대 대통령이에요. 우리나라가 광복을 맞이하자 귀국해 나라를 세우는 일에 참여했어요. 남한의 단독 선거에 찬성하고 초대 대통령으로 뽑혔지요. 하지만 이승만은 오랫동안 대통령 자리에 있고 싶어서 헌법을 바꾸거나 부정 선거를 저질렀어요. 결국 4·19 혁명으로 물러나 하와이로 망명했어요.

이런 뜻이구나!

하야는 '대통령이 자리에서 물러나는 것'을 말해요.

조카보다는 내가 왕이 되어야

세조는 조선의 제7대 왕이에요. 제6대 왕이자 자신의 조카이기도 했던 단종을 내쫓고 왕위에 올랐어요. 세조는 책을 좋아했고 활 솜씨가 뛰어났어요. 호패법을 다시 시행해 인구를 정확히 알게 했고, 관직에서 물러난 사람들에게는 토지를 주지 않는 직전법을 실시했어요. 나라를 다스리는 데 기준이 되는 법전인 『경국대전』과 역사서 『동국통감』의 편찬을 지시하였고, 최초의 실측 지도인 동국지도도 만들었지요.

우리나라 이름은 언제 생겼을까?

국제 연합의 최종 결정으로 남한에서는 1948년 5월 10일 국회의원을 뽑는 선거가 실시되었어요. 만 21세 이상 남녀 누구나 투표를 할 수 있었지요.

선거로 뽑힌 국회의원들은 헌법을 만들고 나라 이름을 대한민국으로 정했으며, 대통령제로 나라를 운영하기로 했어요. 국회는 7월 17일 새로운 헌법을 공포했고, 국회에서 선출된 초대 대통령 이승만은 8월 15일 대한민국 정부 수립을 선포했어요.

바야흐로 태평성대로구나!

성종은 조선 제9대 왕이에요. 세조의 손자이자 예종의 조카이지요. 예종이 갑자기 죽어 성종은 열세 살에 왕위에 올랐어요. 성인이 되어 직접 나라를 다스리면서 성종은 자주 과거 시험을 열어 새로운 인재를 찾았어요. 또한 아버지인 세조 때 편찬을 시작한 『경국대전』을 완성하여 반포하고 여러 분야의 책을 펴냈어요. 성종이 다스리는 동안 조선은 태평성대였어요.

제주에서 일어난 끔찍한 사건은?

제주 4·3 사건은 남한 단독 선거에 반대하며 제주도에서 일어난 사건이에요. 제주의 남로당이 남한의 단독 선거를 중지하고 미군 철수를 주장하며 들고일어나자 미군정은 군인과 경찰을 보내 강하게 진압했어요. 제주 사람들은 투표를 거부하면서 저항했지만 결국 단독 정부가 세워졌어요. 그러자 대대적인 소탕 작전을 벌여 제주도 사람 수만 명이 목숨을 잃고 마을의 3분의 2가 불탔어요.

왕인데 최악의 폭군이라고?

연산군은 조선의 제10대 왕이에요. 성종의 큰아들이지요. 연산군은 왕위에 오른 지 4년이 지나면서부터 나쁜 본성이 드러나 바른말을 하는 신하를 싫어했어요. 수백 명의 목숨을 빼앗고, 사치스러운 잔치를 자주 열었지요. 결국 왕의 횡포에 맞서려는 신하들에 의해 연산군은 쫓겨났고, 신하들은 연산군의 이복동생인 진성 대군을 왕으로 옹립했어요. 그가 바로 조선의 제11대 왕 중종이랍니다.

더 알면 좋은 이야기

자리에서 쫓겨난 왕은 '–조'나 '–종'이 붙지 않고 '–군'이 붙어요.

남북한의 운명이 결정된 회의는?

모스크바 3국 외상 회의는 소련의 모스크바에서 열린 미국, 영국, 소련의 외무장관이 모여 개최한 회의예요.

모스크바 3국 외상 회의에서 한반도에 임시 정부를 수립하고 최고 5년간 미국·영국·중국·소련이 신탁 통치를 한다는 결정이 내려졌지요. 신탁 통치란 스스로 나라를 다스릴 능력이 없어 다른 나라가 대신 다스리는 것이에요.

이런 뜻이구나!

외상은 '외교 일을 맡은 우두머리'를 말해요.

어느 쪽 편도 들지 않겠어!

광해군은 조선의 제15대 왕이에요. 임진왜란 때 선조는 피란을 떠나면서 광해군을 세자로 삼았어요.

광해군은 왕이 되자 전쟁으로 고통받는 백성들을 위해, 구하기 힘든 지역 특산물을 바치는 '공납' 대신 쌀로 내게 하는 대동법을 실시했어요. 그리고 명나라와 후금이 싸울 때 양쪽 나라 모두와 잘 지내는 중립 외교를 폈어요. 하지만 반대하는 신하들로 인해 쫓겨나 강화도로 유배되었다가 제주도에서 마지막을 보냈어요.

일본 대신 미군이 다스렸다고?

미군정은 광복을 맞이하고 대한민국 정부가 수립되기까지 남한에서 미군이 군정을 하던 시기예요. 미군은 일본 정부와 항복 문서에 도장을 찍고 9월 8일 인천항으로 들어왔어요. 독립 국가를 세우려던 우리의 기대는 무너지고 미군은 친일파들에게 그대로 일을 시켰어요. 일본이 물러가고 친일파들이 벌을 받을 줄 알았던 사람들은 미군정에 불만이 많았어요.

더 알면 좋은 이야기

미군정은 대한민국 임시 정부를 인정하지 않아 임시 정부의 인사들은 광복 후 개인 자격으로 한국으로 돌아왔어요.

정치는 내가 주도할 거야!

숙종은 조선의 제19대 왕이에요. 현종의 아들로, 현종이 죽은 뒤 왕위에 올랐지요. 숙종 때는 신하들이 서인과 남인으로 나뉘어 많이 다투었어요. 숙종은 서인과 남인에게 번갈아 가며 권력을 몰아주었어요. 신하들 간의 정치 싸움을 이용해 강력한 왕권을 유지하려 했지요.

숙종은 상평통보라는 엽전을 만들어서 쓰도록 하고, 조선과 청나라의 경계를 표시하기 위해 백두산 정계비도 세웠어요. 또한 일본에 통신사를 보내 울릉도가 조선 땅이라는 확인도 받았어요.

더 알면 좋은 이야기

상평통보가 처음 만들어진 것은 인조 때였어요. 하지만 전쟁 등의 이유로 중단되었다가 숙종 때 본격적으로 유통되어 조선의 공식적인 화폐가 되었지요.

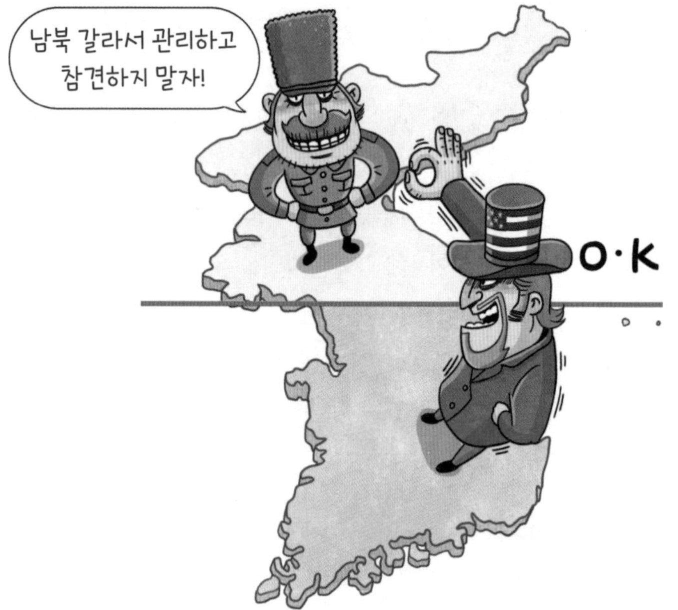

딱 반으로 나눠서 가지자!

38도선은 우리나라를 남북으로 나눈 북위 38도의 선이에요. 일본이 항복 선언을 하자 미국과 소련은 한반도를 가로지르는 38도선을 기준으로 각각 남과 북을 다스리기로 했어요. 그래서 북한에는 해방 직후에 소련 군대가 들어갔고, 남한에는 9월 초 미국 군대가 들어왔어요.

더 알면 좋은 이야기

휴전선은 6·25 전쟁의 휴전에 따라서 나눈 군사 경계선이에요. 38도선보다 동쪽이 북한쪽으로 더 올라가 위치가 조금 달라요.

힘든 백성이 없게 하라!

영조는 조선의 제21대 왕이에요. 영조는 신하들이 편을 나누어 싸우는 것을 싫어해 실력만 보고 인재를 골고루 뽑았어요. 그리고 백성들이 편안하게 살 수 있도록 세금 부담을 덜어 주고, 잔인한 형벌 제도도 없앴어요. 한강을 가로지르는 더러운 청계천을 정비하는 사업도 했지요.

더 알면 좋은 이야기

영조의 아들 사도 세자는 아버지의 큰 기대에 부응하지 못하고 자꾸만 아버지와 갈등을 빚었어요. 결국 사도 세자는 영조의 명령으로 뒤주에 갇혀 죽고 말았지요.

새로운 독립 국가를 세우겠습니다!

조선 건국 준비 위원회는 독립운동가 여운형을 중심으로 새 나라를 만들기 위해 조직된 단체예요. 일본이 항복하기 전부터 여운형은 광복을 준비하고 있었어요. 1945년 광복과 함께 여운형은 조선 건국 준비 위원회를 만들었고, 위원회에 많은 독립운동가들이 모여들었어요. 일본 관리를 내쫓고 농민들에게 땅을 찾아주는 등 활발하게 활동했지만 미군이 군정을 시작하면서 조선 건국 준비 위원회를 인정하지 않아 결국 해체되었어요.

조선의 황금기는 내가 이끈다!

정조는 조선의 제22대 왕이에요. 영조의 아들 사도 세자가 죽고 사도 세자의 아들 정조가 영조의 뒤를 이어 왕이 되었지요.

정조는 왕실의 도서관인 규장각을 만들고 똑똑한 신하들을 뽑아 여러 학문을 연구하게 했어요. 그리고 직접 궁 밖으로 나가 백성들의 모습을 살폈지요. 정조 때는 판소리, 한글 소설, 풍속화 등 문화도 크게 발달했답니다.

더 알면 좋은 이야기

정조는 아버지의 묘를 수원으로 옮기며 수원 화성을 만들었어요.

11월

대한민국의 성장과 발전

조선 말고 대한 제국이라고 불러

고종은 조선의 제26대 왕이에요. 고종이 어릴 때는 아버지인 흥선 대원군이 나랏일을 보았어요. 흥선 대원군은 다른 나라와의 무역을 금지하는 통상 수교 거부 정책을 폈는데, 그가 물러난 후 점차 외국과의 교류가 늘어나면서 서양 문물이 많이 들어오게 되었어요. 그러자 일본이나 러시아 등이 조선의 일에 간섭하기 시작했어요.

고종은 대한 제국을 선포하고 황제가 된 후 자주적으로 나라를 이끌려고 했지만, 점점 일본의 힘이 세지면서 강제로 물러나게 되었어요.

더 알면 좋은 이야기

고종과 명성 황후의 무덤은 홍릉이라고 하며, 경기도 남양주시 금곡동에 있어요. 순종과 두 황후의 무덤인 유릉과 함께 홍유릉이라고도 불러요.

금메달을 따고 슬퍼한 선수는?

손기정은 일제 강점기의 마라톤 선수예요. 어릴 때부터 달리기를 좋아했고, 집안 형편이 어려워 회사를 다닐 때도 먼 길을 걸어 다녔어요. 손기정은 마라톤 대회에 나가서 좋은 성적을 얻어, 베를린 올림픽에 대표로 나가게 되었어요.

베를린 올림픽에서 손기정은 세계 신기록을 세우며 금메달을 땄지만 기뻐할 수 없었어요. 태극기가 아니라 일장기를 달아야 했거든요. 시상대에 오른 손기정은 고개를 숙이고 월계수로 일장기를 가렸어요.

3월

백성과 나라를 위해 노력한 위인들

나비가 있는 곳이라면 어디든!

석주명은 세계적인 나비 박사예요. 학교에서 조류학자였던 선생님을 만나면서 생물에 관심을 가지게 되었어요. 그리고 일본에서 공부하고 돌아와 나비를 연구하기 시작했지요.

석주명은 중국, 일본까지 가서 나비를 채집하고 연구했어요. 나비의 종류를 정리하고 우리나라 나비의 이름도 3분의 2 이상이나 지었지요. 석주명이 쓴 『조선산 나비 총목록』은 영국 왕립 도서관에 소장되었으며, 석주명은 세계적인 학자로 인정받았어요.

그날의 함성을 기억해요

삼일절은 1919년 3월 1일에 있었던 만세 운동을 기리는 날이에요. 1919년 3월 1일에 시작되어 전국으로 퍼진 만세 운동은 어른, 학생 할 것 없이 수많은 사람들이 거리에서 태극기를 흔들며 대한 독립 만세를 외쳤어요. 1949년 정부는 이 날의 독립운동 정신을 기리기 위해 3월 1일을 삼일절이라고 하고, 국경일로 정했어요.

가장 유명한 독립운동 지도자는?

김구는 정치가이자 독립운동가예요. 어릴 때부터 불합리한 세상을 바꾸려는 의지가 강했지요. 3·1 운동 이후에 중국 상하이로 건너가 임시 정부의 초대 경무국장이 되었어요. 수많은 독립운동가들과 독립운동을 계획하고 실행에 옮긴 지도자였지요.

1945년 광복을 맞이한 뒤 김구는 한반도가 남과 북으로 나뉘는 것을 막으려고 노력했어요. 하지만 남한 단독 정부가 수립되고 이듬해 안두희의 총에 맞아 안타깝게 세상을 떠났어요.

불교를 위해서라면 목숨도!

이차돈은 신라 법흥왕 때의 신하예요. 법흥왕은 불교를 나라의 공식적인 종교로 삼고 싶어 했지만 귀족들의 반대가 심했어요. 그때 이차돈이 법흥왕과 짜고 절을 짓자 귀족들은 이차돈을 죽여야 한다고 법흥왕에게 한 목소리로 말했어요. 법흥왕은 이차돈과 사전에 몰래 약속한 대로 그의 목을 베라고 명령했어요. 이차돈의 목을 벤 순간 목에서 흰 젖이 뿜어져 나왔어요. 게다가 하늘에서 꽃들이 쏟아지고 사방이 어두워졌지요. 이 기적을 본 귀족들은 불교를 받아들이게 되었어요.

하늘과 바람과 별을 노래하다

윤동주는 일제 강점기의 시인이에요. 학생 때부터 시를 짓는 것을 좋아했으며, 시인 정지용을 존경했던 것으로 유명하지요. 일본에서 유학하다 한국으로 돌아가려던 차에 독립운동을 했다며 일본 경찰에 붙잡혔어요.

윤동주는 감옥에서 알 수 없는 주사를 맞고 점점 몸이 쇠약해지더니 결국 광복을 6개월 앞두고 세상을 떠났어요. 윤동주가 죽은 뒤 시집 『하늘과 바람과 별과 시』가 출간되었지요. 윤동주의 시집 초판 서문에는 시인 정지용이 남긴 글이 들어가 있어요.

우산국은 신라 땅이야!

이사부는 신라의 장군이에요. 지증왕 때 우산국(울릉도)을 신라의 땅으로 삼았고, 진흥왕 때는 고구려와 백제의 성을 빼앗아 신라의 북쪽 영토를 넓히는 데 큰 공을 세웠어요. 562년 이사부 장군이 대가야를 멸망시켜 신라는 낙동강 하류 지역을 모두 차지하게 되었어요.

더 알면 좋은 이야기

우산국은 울릉도에 있었던 나라예요. 독도도 우산국에 속해 있었지요.

아아, 님은 갔습니다

한용운은 일제 강점기의 독립운동가이고 승려이자 시인이에요. 백담사에서 승려가 되어 만해라는 법호를 받았어요. 3·1 운동 때는 민족 대표로 독립 선언을 하고 서대문 형무소에 투옥되기도 했지요.

한용운은 민족의 독립을 바라는 마음을 담은 『님의 침묵』이라는 시집을 펴냈어요.

독립운동가

한용운은 마지막을 서울 성북구의 심우장에서 보냈어요. 심우장은 한용운이 건립하여 거주한 곳으로, 조선 총독부 쪽이 보기 싫어 일부러 북향으로 지었다고 해요.

고구려 땅은 내가 지킨다!

을지문덕은 고구려 영양왕 때의 장군이에요. 용맹하고 의지가 굳세었으며 글도 잘 지었어요. 중국을 통일한 수나라가 수십, 수백만 명의 군대를 보내 고구려를 공격했지만 을지문덕 장군은 매번 크게 이겼어요. 그중 살수 대첩이 유명해요. 중국 사람들도 강한 수나라가 고구려에 진 것은 을지문덕 때문이라고 말할 정도였지요.

더 알면 좋은 이야기

을지문덕은 수나라가 쳐들어왔을 때 수나라 장수 우중문에게 시를 지어 보냈어요. '유우중문시'는 현재까지 전하여 오는 한시 중 가장 오래된 것이에요.

죄수 번호를 이름으로 삼은 시인은?

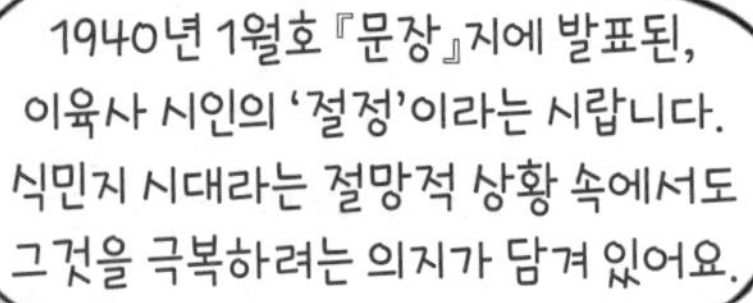

絕頂

李陸史

매운 季節의 챗죽에 갈겨
마츰내 北方으로 휩쓸려오다

하늘도 그만 지쳐 끝난 高原
서리빨 칼날진 그우에서다

어데다 무릎을 꾸러야하나?
한발 재겨디딜 곳조차 없다

이러매 눈감아 생각해볼밖에
겨울은 강철로된 무지갠가보다.

이육사는 일제 강점기의 독립운동가이자 시인이에요. 일본에서 유학하고 돌아와 독립운동을 하던 중 붙잡혔어요. 원래 이름은 이원록인데, 감옥에서 죄수 번호가 264번이었어요. 일본에게 당한 것을 잊지 않으려고 호를 육사로 정하고 그때부터 이육사라는 이름으로 시를 발표했지요. 가장 유명한 시 '청포도'는 조국의 광복을 바라는 간절한 마음이 담겨 있어요.

당나라는 무조건 이겨

연개소문은 고구려의 장군으로, 영류왕을 죽이고 영류왕의 조카를 보장왕으로 세웠어요. 그래서 실제 권력은 연개소문이 쥐고 있었지요. 당나라는 여러 번 고구려를 쳐들어왔지만 매번 연개소문에게 패했어요. 연개소문이 살아 있는 동안 당나라는 고구려를 넘보지 못했지요.

더 알면 좋은 이야기

연개소문의 뒤를 이은 첫째 아들 연남생은 형제간의 정권 다툼으로 인해 당나라로 도망친 뒤 당나라의 장군이 되어 도리어 고구려를 공격했답니다.

고문한다고 굽힐 것 같으냐!

김마리아는 일제 강점기의 독립운동가예요. 부유한 가정에서 태어나 일본에서 공부를 하고 돌아와 독립운동에 나섰어요. 독립운동에 필요한 돈을 임시 정부에 전달하는 일 등을 하다가 일본 경찰에 붙잡혀 심한 고문을 당하기도 했어요. 김마리아는 이후 중국, 미국에서 독립운동을 이어갔지만 고문으로 생긴 병 때문에 광복을 보지 못하고 세상을 떠났어요.

더 알면 좋은 이야기

서울 동작구 신대방동의 보라매 공원에는 김마리아 선생상이 있어요.

죽음을 두려워하지 말라!

계백은 백제 의자왕 때의 장군이에요. 신라와 당나라가 힘을 모아 백제를 공격했을 때 백제를 지키기 위해 5천 명의 군사를 이끌고 전쟁에 나섰어요. 군사는 턱없이 부족했고 나라의 운은 기울고 있었지만, 모두 나라를 위해 목숨을 바치려는 각오를 하고 있었지요. 계백은 황산벌에서 5만 명의 신라군에게 4번이나 승리를 거두었어요. 하지만 결국 전쟁 중에 목숨을 잃었어요.

더 알면 좋은 이야기

충청남도 논산시 부적면 신풍리에는 계백 장군 유적지가 있어요. 계백 장군을 가매장한 묘와 위패를 모신 충장사 등이 있지요.

한글 연구가 독립운동이라고?

조선어 학회 사건은 일본이 『우리말 큰사전』을 펴내려던 조선어 학회 회원들을 잡아 가둔 사건이에요. 3·1 운동 이후 한글 연구를 하는 조선어 연구회는 이후 조선어 학회로 이어졌어요. 조선어 학회는 맞춤법을 통일하고 표준어를 만들었지요. 그리고 『우리말 큰사전』을 편찬하려고 했지만 일본이 조선어 학회가 독립운동을 한다며 회원들을 잡아가 조선어 학회는 해체되고 사전은 편찬되지 못했어요.

어리다고 얕보지 말라고!

관창은 신라 태종 무열왕 때의 화랑이에요. 신라는 백제에 비해 열 배나 군사가 많았지만 황산벌 싸움에서 백제에게 번번이 졌어요. 그러자 열여섯 살의 어린 관창이 죽기를 각오하고 적진으로 들어갔어요.

관창을 사로잡은 계백은 어린 관창을 죽이지 않고 돌려보냈지만, 그가 다시 공격해 오자 목을 베어 말에 달아 신라군에게 보냈어요. 이 모습을 보고 신라군은 큰 힘을 얻어서 백제를 물리칠 수 있었지요.

임시 정부에 소속된 군대가 있었다고?

한국광복군은 일제 강점기에 일본에 대항하기 위해 만든 임시 정부의 군대예요. 신흥 무관 학교 교장을 지내며 많은 독립군을 길러낸 지청천이 총사령관을 맡았지요. 무장 독립운동을 활발히 해 온 김원봉도 한국광복군에 참여했어요. 한국광복군은 군인들을 훈련시키며 미국, 중국과 함께 한반도로 들어와 일본과 전쟁을 벌일 계획이었어요. 하지만 일본의 항복으로 계획은 무산되고 말았지요.

신라의 삼국 통일을 이끈 장군은?

김유신은 신라의 장군이에요. 화랑 출신으로서 어려서부터 전쟁에 나가 많은 공을 세웠어요. 김유신의 누이동생은 김춘추와 혼인했어요. 김춘추는 나중에 태종 무열왕이 되었는데, 김유신은 태종 무열왕을 곁에서 도우며 전쟁에서 크게 활약했지요. 김유신은 당나라와 힘을 모아 백제와 고구려를 멸망시켰어요. 마지막으로 당나라를 쫓아내면서 삼국 통일을 이루는 데 큰 역할을 했답니다.

모두 일본 사람이 되라고!

민족 말살 정책은 일본이 조선 사람을 일본 사람처럼 만들려고 편 정책이에요. 일본에는 신을 모신 신사에 참배하는 풍습이 있었는데, 조선 사람들에게도 신사에서 참배하는 것을 강요했어요.

일본은 조선 사람의 이름을 일본식으로 바꾸는 창씨개명을 하라고 법으로 정해 놓기도 했어요. 이렇게 하면 조선 사람을 일본 사람으로 바꿀 수 있을 거라고 생각했답니다.

더 알면 좋은 이야기

일본은 조선인이 일본 천황의 백성이며 충성을 다하겠다는 황국 신민 서사를 조선인에게 외우게 했어요. 일본에 충성심을 갖게 하기 위해서였어요.

실력이 있어도 소용없구나!

최치원은 통일 신라의 학자이자 문장가예요. 신라 6두품 출신으로 신라에서는 높은 관직에 오를 수 없자 당나라에 가서 공부하고 당나라의 관리가 되었어요. 당나라에서 뛰어난 글로 이름을 떨쳤지요. 나중에 신라로 돌아와서도 벼슬을 얻었어요. 그리고 나라를 위해 시급하게 해야 할 '시무 10여조'를 적어 진성 여왕에게 올렸지만 시행되지 않았어요. 실망한 최치원은 관직을 버리고 전국을 떠돌면서 글을 쓰며 여생을 보냈어요.

독립운동은 교육부터!

안창호는 독립운동가이자 교육자예요. 우리나라의 독립을 위해서는 교육이 중요하다고 여기고 학교를 세웠어요. 공부를 더 하기 위해 미국으로 건너가 공립 협회를 만들어 해외 동포들의 능력을 키우는 일에 앞장섰어요. 안창호는 이후 여러 지역을 다니며 학교와 단체를 만드는 등 민족 지도자를 키우고 민족을 단합하는 데 누구보다 앞장섰지요.

더 알면 좋은 이야기

대성 학교는 안창호가 1908년 평양에 세운 학교예요. 독립운동가를 키우는 곳이었는데 1912년 일본에 의해 문을 닫게 되었지요.

내가 바로 바다의 왕

장보고는 신라 시대의 장군이에요. 당나라의 군대에서 활약하다가 신라로 돌아와 해적들을 무찔렀지요. 장보고는 전라남도 완도에 청해진을 설치하고 군사를 길러 남쪽 바다를 지켰어요. 청해진은 물의 깊이가 깊어 큰 배를 댈 수 있고, 앞이 트여 있어서 지나가는 배를 감시하기도 좋았거든요. 장보고는 당나라와 일본을 연결하는 해상 무역을 통해 큰 이득을 보았지요.

일제 강점기에 영화를 만들었다고?

나운규는 일제 강점기의 배우이자 영화감독이에요. 우리나라 최초의 영화사에 들어가 배우가 되었는데, 그곳에서 일하면서 우리의 이야기를 영화로 만들기로 결심했어요. 직접 글을 쓰고 감독, 배우까지 맡아서 했지요.

만세 운동 이야기를 다룬 영화 아리랑은 큰 인기를 얻었어요. 나운규는 '벙어리 삼룡', '임자 없는 나룻배' 등 조선인들을 울고 웃게 만든 영화를 많이 만들었어요.

거란이 무서워한 고려의 장군은?

강감찬은 고려의 장군이에요. 거란은 고려를 호시탐탐 노리며 여러 번 공격해 왔어요. 3차 침략 때는 10만 군대를 이끌고 쳐들어왔어요. 강감찬은 흥화진 전투에서 강물을 막았다가 흘려보내는 작전으로 거란을 물리쳤어요. 그리고 도망치는 거란군을 쫓아 귀주에서 큰 승리를 거두었지요. 이후 거란은 다시는 고구려를 쳐들어오지 못했답니다.

더 알면 좋은 이야기

지하철 2호선 낙성대역의 '낙성대'는 '별이 떨어진 터'라는 뜻이에요. 강감찬 장군의 탄생 설화에 나오는 낙성대가 위치해 있어서 붙은 이름이랍니다.

우리 역사를 올바로 알아야 해!

신채호는 일제 강점기의 독립운동가이자 역사학자예요. 일본은 조선이 오래전부터 일본과 중국의 지배를 받았다는 터무니없는 주장을 했어요. 그러자 신채호는 역사를 바로 알려야겠다고 생각해 우리 역사를 정리한 책 『조선상고사』를 펴냈지요. 일본에 고개를 숙이기 싫어 세수를 할 때도 고개를 숙이지 않았다는 일화가 유명해요. 독립운동을 하다가 중국 감옥에 갇혀 감옥에서 눈을 감았어요.

공자라고 불린 학자가 있다고?

최충은 고려의 신하예요. 무려 4대의 왕을 섬기면서 제도를 정비하는 등 고려를 위해 일했어요. 최충은 직접 9재 학당을 짓고 학생들을 모아 가르쳤어요. 9재 학당은 개인이 세워서 운영한 최초의 학교였지요. 많은 인재를 길러낸 최충은 중국의 뛰어난 학자인 공자와 견주어 '해동공자'라고 불려요. 해동은 발해의 동쪽이라는 뜻으로 우리나라를 가리키지요.

더 알면 좋은 이야기

9재 학당의 명성이 높아지자 고려 수도 개경에는 9재 학당과 비슷한 학교들이 생겨났어요. 9재 학당과 그외 11개의 학교를 합쳐 사학 12도라고 해요.

여자 안중근이라고 불린 사람은?

남자현은 일제 강점기의 독립운동가예요. 남편이 일본군과 싸우다 죽은 뒤 홀로 시부모를 모시고 아이들을 키우며 열심히 살았어요. 하지만 3·1 운동이 일어나자 중국으로 건너가 독립운동에 평생을 바치기로 했지요. 남자현은 독립운동에 필요한 돈을 모으고 독립운동가들의 뒷바라지를 했어요. 그래서 독립군의 어머니로 불렸어요. 또한 여러 번 조선 총독, 일본 장교를 암살하려고 시도하기도 했지요.

삼국의 역사를 우리가 직접!

김부식은 고려의 신하예요. 학자 집안에서 태어나 글솜씨가 뛰어나고 높은 벼슬자리까지 올랐어요. 고려가 혼란할 때 승려 묘청이 고려의 도읍을 서경으로 옮기자며 난을 일으키자 김부식이 진압했지요. 김부식은 관직에서 물러난 뒤 인종의 명령으로 고구려, 백제, 신라 삼국의 역사를 담은 『삼국사기』를 펴냈어요.

물통인 줄 알았지? 폭탄이다!

윤봉길은 훙커우 공원에 폭탄을 던진 독립운동가예요. 농촌에서 글을 가르치며 계몽 운동을 벌였지만 달라지는 것이 없자 상하이 임시 정부로 가서 김구를 만났어요. 윤봉길은 김구와 훙커우 공원에서 열리는 일본 왕의 생일과 전쟁의 승리를 기념하는 행사에서 폭탄을 던질 계획을 세웠어요. 행사 때 윤봉길의 물통 폭탄이 터지면서 일본인 여러 명이 죽거나 다쳤어요. 윤봉길의 의거는 중국과 일본을 놀라게 했지요.

더 알면 좋은 이야기

서울 서초구 양재동에는 매헌 윤봉길 의사 기념관이 있어요. 충청남도 예산군 덕산면에는 윤봉길 의사 기념관과 생가, 충의사 등이 있지요.

쾅쾅쾅, 화약 맛을 봐라!

최무선은 고려의 무기 발명가이자 장군으로, 우리나라 최초로 화약을 만들었어요. 중국인 화약 기술자 이원에게서 화약 제조에 필수인 염초 제조법을 배워 화약 개발에 성공했지요. 그리고 화통도감을 만들어서 화약과 화통, 화포, 화전 등을 만들었어요. 이 화포를 이용해 전라도와 경상도에서 노략질을 일삼던 왜구를 무찔렀지요.

더 알면 좋은 이야기

조선 세종 때 사용한 로켓 무기인 신기전은 최무선이 만든 우리나라 최초의 로켓 무기 주화를 개량한 것이에요.

일본 왕은 내 수류탄을 받아라!

이봉창은 일본 왕에게 수류탄을 던진 독립운동가예요. 안중근의 의거를 보고 일본으로 건너가 일본인 행세를 하며 살았어요. 독립운동을 할 때 의심을 받지 않기 위한 준비였지요.

이봉창은 중국으로 김구를 찾아가 함께 일본 왕을 암살할 계획을 세웠어요. 그리고 일본 왕이 탄 마차에 수류탄을 던졌지만 실패했어요. 암살 계획은 실패했지만 일본인들은 수도 도쿄에서 벌어진 사건에 깜짝 놀랐지요.

고려와 마지막을 함께하리!

최영은 고려 말기의 장수예요. 붉은 두건을 쓴 홍건적과 일본에서 건너온 왜구를 물리치며 이름이 높아졌어요. 하지만 권력에는 관심이 없었고 나라를 지키는 일에만 온 힘을 다했지요. 최영 장군은 이성계가 우왕을 쫓아낼 때 맞서 싸우다가 유배되어 결국 목숨을 잃었어요.

더 알면 좋은 이야기

'황금 보기를 돌같이 하라'는 말이 유명한데, 이 말은 최영의 아버지가 죽기 전에 최영에게 남긴 말이에요. 재물에 욕심을 내지 말라는 뜻이지요.

'어린이 운동'의 선구자

방정환은 일제 강점기에 어린이들의 권리를 위해 힘쓴 아동 문학가예요. 천도교 교주였던 손병희의 딸과 결혼하면서 독립운동을 했어요. 그러던 중 천도교 잡지 특파원으로 일본에 가서 아동 문학을 공부했지요.

방정환은 '어린이'라는 단어를 처음 만들고 어린이를 위한 동화를 써서 책으로 펴냈어요. 어린이 운동 단체인 색동회를 만들어 잡지를 내고, 어린이날을 정해 기념식을 하기도 했답니다.

고려를 저버릴 수 없습니다!

정몽주는 고려의 신하로 뛰어난 유학자예요. 정몽주는 이성계가 고려를 무너뜨리고 조선을 세우는 것을 반대했어요. 하지만 이성계는 정몽주가 자기편이 되기를 바랐지요. 이성계의 아들 이방원은 정몽주에게 '이런들 어떠하리, 저런들 어떠하리'라며 함께하자는 뜻의 하여가를 지어 보냈는데, 정몽주는 죽어도 고려에 충성하겠다는 뜻을 담은 단심가를 보냈어요. 결국 정몽주는 선죽교에서 이방원의 부하에게 죽임을 당하지요.

일본 주요 인물을 제거하라!

한인 애국단은 중국 상하이에서 조직된 항일 무장 단체예요. 일본의 주요 관리들을 암살하여 독립 의지를 알리려고 만든 비밀 독립운동 조직이지요.

한인 애국단에 들어온 사람들은 독립을 위해서라면 목숨도 아끼지 않았어요. 이봉창은 일본 왕에게 폭탄을 던지고, 윤봉길은 훙커우 공원에서 폭탄을 던졌지요. 이러한 한인 애국단의 활동은 중국도 놀라게 했고 이후 중국은 임시 정부에 많은 도움을 주었어요.

백성을 위한 나라를 만들자!

정도전은 이성계를 도와 조선을 세운 신하예요. 고려 말에는 지배층의 횡포로 고통받는 백성들을 위해 토지 제도를 고치기도 했어요. 조선이 세워지자 한양으로 도읍을 옮기자고 권했고, 궁궐과 조상을 모시는 종묘, 제사를 올리는 사직단 등의 터를 정했지요. 법전인 『조선경국전』도 만들었답니다. 하지만 생각이 달랐던 이성계의 아들 이방원의 칼에 목숨을 잃었어요.

더 알면 좋은 이야기

경기도 평택시 진위면 은산리 산대마을에는 삼봉기념관이 있어요. '삼봉'은 정도전의 호예요. 삼봉기념관에는 정도전과 관련된 유물들이 전시되어 있지요.

학생들을 얕보지 말라고!

광주 학생 항일 운동은 전라남도 광주에서 학생들이 벌인 항일 운동이에요. 나주역에서 한국인 여학생이 일본인 남학생에게 괴롭힘을 당하자 한국 학생들과 일본 학생들 사이에 싸움이 났어요. 경찰이 일본 학생들 편만 들자 광주의 학생들 수천 명이 만세 운동을 벌였어요. 학생들을 중심으로 한 광주 학생 항일 운동은 3·1 운동 이후 가장 큰 항일 운동으로 전국에서 동참했어요.

왕을 4명이나 섬겼다고?

황희는 고려의 신하였는데 태조 이성계의 간곡한 부탁에 관직을 맡아 태조·정종·태종·세종에 이르는 4대 왕을 섬겼어요. 특히 세종은 황희를 항상 곁에 두고 싶어 했을 정도로 아꼈답니다. 황희는 학식이 높고 성품 또한 어질고 청렴하여 조선의 명재상이라고 불려요.

이런 뜻이구나!

두문불출은 '집에만 있으면서 밖으로 나오지 않는다.'라는 뜻이에요. 고려가 멸망하자 고려의 충신들이 두문동에 들어가 나오지 않았다는 이야기에서 유래했어요. 황희도 두문동에 들어갔던 고려의 신하 중 한 명이었다는 이야기가 전해요.

독립운동에 남녀가 어디 있어!

근우회는 일제 강점기에 여성들이 여성 교육과 독립운동을 위해 만든 단체예요. 여성들도 학교를 다니기 시작하면서 새로운 교육을 받은 사람들이 늘어났어요. 이런 여성들은 남녀가 평등하게 교육받는 등 차별을 없애야 한다며 근우회라는 단체를 만들어서 여러 활동을 했어요. 전국에 지회를 두고 잡지도 발행했지요. 근우회는 신간회가 해체될 때 없어졌어요.

조선 최고의 발명가 나야 나!

장영실은 조선 세종 때의 과학자예요. 노비 출신이었던 장영실은 손재주가 뛰어나 소문이 자자했어요. 세종은 장영실을 궁궐로 불러들였어요. 그리고 중국으로 보내 새로운 기술을 배워 오게 했지요.

장영실은 조선으로 돌아와 측우기, 물시계, 해시계 등 놀라운 발명품을 만들었어요. 장영실은 능력을 인정받아 신분의 벽을 뛰어넘어 높은 벼슬자리에 올랐어요.

더 알면 좋은 이야기

장영실은 세종이 타는 가마를 만드는 일을 감독했는데, 세종이 타기도 전에 부서지고 말았어요. 이 사건 이후 관직에서 쫓겨나고 기록에서 사라졌어요.

우리나라 최대 항일 운동 단체는?

신간회는 민족주의자와 사회주의자가 항일 운동을 위해 함께 만든 단체예요. 나라의 독립을 중요하게 생각하는 민족주의와 노동자·농민이 중심이 되어 새로운 나라를 만들고자 한 사회주의가 힘을 합친 것이지요. 신간회는 농민이나 노동자, 학생, 여성들이 벌이는 운동을 돕고 강연회를 열어 독립 의지를 북돋아 주는 일을 했어요. 일제 강점기의 가장 큰 항일 운동 단체였지요.

더 알면 좋은 이야기

신간회는 국내외 지역에 140개가 넘는 조직이 있었어요. 게다가 회원 수가 많을 때는 4만 명 정도나 되었지요.

믿음이 사약으로 돌아오다니!

조광조는 조선의 신하로, 중종의 신임을 받았어요. 중종이 연산군을 쫓아내고 왕위에 오를 때 공을 세워 권력을 잡은 훈구파는 추천으로 뽑힌 사림파를 억누르고 싶었어요. 조광조는 사림파였는데, 점점 세력이 커지자 중종도 조광조와 거리를 두었어요. 훈구파는 조광조가 권력을 차지하려 한다고 모함했고, 결국 조광조를 비롯한 사림파는 사약을 받고 죽음을 맞았어요.

더 알면 좋은 이야기

훈구파는 나뭇잎에 꿀로 조씨가 왕이 된다는 의미의 '주초위왕'이라는 글씨를 쓰고 벌레가 갉아먹게 했어요. 그리고 중종에게 나뭇잎을 보여 주지요. 그 사실을 알지 못한 중종은 이후 조광조를 멀리하게 되었어요.

순종의 장례식에서 만세 운동을?

6·10 만세 운동은 순종의 장례식 날에 벌인 만세 운동이에요. 순종은 나라를 빼앗기고 이왕으로 불리며 창덕궁에서 지냈어요. 독립운동가들은 1926년 6월 10일 순종의 장례식에 많은 사람들이 모일 거라고 예상하고 대규모 만세 운동을 계획했어요. 일본 경찰에게 들켜서 무산될 뻔한 상황 속에서 학생들이 거리에서 태극기를 뿌리며 만세 운동을 시작했어요. 만세 운동은 전국으로 퍼져 나갔지요.

조선 최고의 스승이라고?

이황은 조선의 유학자예요. 선비 집안에서 태어나 과거에 급제해 벼슬길에 올랐지요. 하지만 벼슬보다는 제자를 양성하는 것에 더 몰두하여 고향으로 내려가 학문에 힘쓰며 제자들을 가르쳤어요.

이황의 호는 '퇴계'여서 흔히 퇴계 이황이라고 부르지요. 항상 검소하게 생활하고 공부를 게을리하지 않아 중국과 일본에도 이름이 알려질 정도였어요.

더 알면 좋은 이야기

우리나라 지폐의 천 원권 인물은 퇴계 이황이에요. 왼쪽 건물은 유학을 가르친 성균관 명륜당이지요. 이황은 성균관의 으뜸 벼슬인 대사성을 지냈어요.

세종 대왕님! 감사합니다!

한글날은 세종 대왕이 한글을 만들어 반포한 것을 기리는 날이에요. 일제의 탄압에 맞서 조선어 연구회는 1926년 가갸날을 만들어 행사를 했어요. 가갸날은 1928년 한글날로 이름이 바뀌었지요. 그리고 1945년부터는 날짜를 훈민정음 반포일인 10월 9일로 정했어요.

조선은 바뀌어야 합니다!

이이는 조선의 학자로, 이이의 어머니는 조선 시대의 대표적인 예술가인 신사임당이에요. 이이는 여러 번 관직에 나섰다가 스스로 물러났는데, 번번이 거절해도 왕은 이이를 곁에 두고 싶어 했지요.

이이는 임진왜란이 일어나기 전에 10만 명의 군대를 길러야 한다고 주장했어요. 반대하는 신하들은 터무니없는 말이라고 넘겼지만 결국 임진왜란이 일어나게 되었지요.

더 알면 좋은 이야기

이이는 과거 시험에서 아홉 번이나 장원 급제를 하여 '구도장원공'이라고 불려요.

역사를 잊지 않으면 다시 일어설 수 있어!

박은식은 유학자이자 독립운동가예요. 독립 협회, 신민회 등에 참여해 독립운동을 하고 황성신문, 대한매일신보 등에 자주 글을 실어 독립 의지를 강조했어요. 박은식은 역사는 혼이기 때문에 혼을 잃지 않으면 다시 일어설 수 있다고 주장했어요. 그래서 나라를 빼앗긴 과정과 일제 강점기 독립운동에 관해 정리한 『한국통사』와 『한국독립운동지혈사』 등을 펴냈지요.

조선 사람의 병은 조선의 약재로

허준은 조선의 의관이에요. 과거 시험 중 잡과를 치러 의원이 된 허준은 궁 안의 내의원에서 일하게 되었어요. 그리고 뛰어난 실력으로 왕의 건강을 돌보는 어의가 되어 활약하였지요. 허준은 왕의 명령으로 의학 책을 쓰기 시작해 14년 만에 『동의보감』을 펴냈어요.

더 알면 좋은 이야기

조선 시대에 침과 뜸으로 치료하는 침구술이 뛰어난 의원에는 '허임'이 있었어요. 허준의 추천으로 선조에게 침을 놓기도 했어요.

조선인이 무슨 죄야!

간토 대학살은 일본 간토 지역에서 일어난 대지진 때 죄 없는 조선인들이 희생당한 사건이에요. 간토 대지진으로 엄청난 피해를 입고 나라가 혼란에 빠지자 일본인들은 조선인들이 우물에 독약을 넣고, 불을 지르고 다닌다는 거짓말을 퍼뜨렸어요. 일본인의 불만을 조선인에게 돌린 것이지요. 그러자 일본인들은 조선인들을 찾아내 마구 죽였어요. 수천, 수만 명에 이르는 조선인들이 목숨을 잃었지요.

이순신을 추천한 사람이라고?

유성룡은 조선 선조 때의 문신이에요. 이황에게 학문을 배우고 관직에 나아가 높은 자리까지 올랐어요.

임진왜란이 일어나기 전 유성룡은 주위의 반대에도 불구하고 이순신과 권율을 추천했어요. 덕분에 일본군을 막을 수 있었지요. 전쟁이 나자 군대와 백성들의 양식으로 쓰일 식량을 구하고, 의병을 모집하고 명나라에 도움을 청하는 등 여러 일을 했어요. 최고의 벼슬자리인 영의정까지 올랐으나 그만두고 임진왜란에 대한 모든 것을 담은 『징비록』을 썼답니다.

청산리에서는 절대 안 져!

청산리 대첩은 김좌진 장군과 홍범도 장군 등이 이끄는 독립군이 연합해 만주 청산리에서 일본군을 상대로 승리한 싸움이에요. 일본군은 더 많은 무기와 군인을 보내 만주의 독립군을 없애려고 했어요. 그러자 김좌진이 이끄는 독립군은 백두산 아래 청산리에 피해 있다가 일본군을 기습했어요. 나중에 홍범도 부대까지 힘을 보태 일본군과 맞서 싸웠고 결국 청산리에서 벌인 모든 전투에서 승리했어요.

더 알면 좋은 이야기

중국 지린성 옌볜 허룽은 청산리 전투가 벌어졌던 곳으로, 청산리 항일 대첩 기념비가 세워져 있어요.

조선 바다는 내가 지킨다!

이순신은 임진왜란 때 활약한 조선의 장군이에요. 전라도 바다를 지키는 수군절도사를 맡고 있을 때 일본군이 쳐들어오면서 임진왜란이 일어났어요. 경상도 옥포에서 왜선을 크게 무찌르고, 사천 해전에서는 거북선을 처음으로 선보였어요. 이후 한산도 대첩, 명량 대첩 등 큰 전과를 올리며 맹활약하였으나, 노량 해전에서 안타깝게도 목숨을 잃었어요.

더 알면 좋은 이야기

이순신이 임진왜란 중에 쓴 일기를 『난중일기』라고 해요. 군사들의 생활과 전투 상황을 비롯해 백성을 걱정하는 마음도 담겨 있어 문학적으로도 뛰어나요.

봉오동 골짜기에 숨은 줄 몰랐지?

봉오동 전투는 홍범도가 이끄는 독립군이 만주 봉오동에서 일본군을 무찌른 싸움이에요. 사냥꾼 출신이었던 홍범도는 만주에서 일본군과 싸우며 독립운동을 하고 있었어요. 우리나라와 만주의 국경에 있던 일본군을 수시로 공격하자 일본군은 독립군이 있는 만주의 봉오동으로 군대를 보냈어요. 하지만 봉오동 골짜기에 숨어 있던 독립군에게 기습을 당하고 크게 패했지요.

독립운동가

홍범도는 일찍부터 의병을 일으켜 항일 운동을 했어요. 청산리 전투 이후에는 러시아에 고려 혁명 군관 학교를 세워 독립군을 길러 냈어요.

붉은 옷을 입은 장수다, 도망쳐!

곽재우는 임진왜란 때 활약한 의병 장수예요. 전쟁이 나자 자신의 재산을 내놓고 의병을 모집했는데 노비 몇 명으로 시작해 얼마 뒤 수천 명으로 늘어났지요.

곽재우는 붉은색 옷을 입고 '홍의장군'이라고 쓴 깃발을 들고 늘 선두에 나서 일본군과 맞섰답니다. 의령을 기점으로 진주를 비롯한 낙동강 주변에서 크게 활약하며 일본군이 육지에서 치고 올라오지 못하도록 막았어요.

조선 쌀은 다 일본으로!

산미 증식 계획은 일본이 한국에서 쌀을 생산해 일본으로 가져가려고 한 계획이에요. 일본은 상품을 만들어 수출하며 돈을 벌게 되자 농사를 짓는 사람들이 줄어들어 식량이 부족해졌어요. 그러자 조선에서 쌀을 많이 생산할 수 있도록 바다를 막아 논을 만들고, 저수지도 만들고, 볍씨도 나누어 주었어요. 하지만 땅을 가진 일부 지주들만 돈을 벌고, 대부분의 조선 사람들은 소작농으로 힘들게 살아야 했어요.

독도는 우리 땅!

안용복은 조선 시대의 어부예요. 숙종 때 울릉도 근처에서 고기잡이를 하는 일본인들을 쫓다가 일본으로 잡혀갔어요. 하지만 일본에 가서 울릉도가 조선 땅이라는 문서를 받아 왔지요. 그런데도 일본 배가 계속 울릉도에 들어오자 다시 일본으로 건너가 울릉도와 독도가 조선 땅이라는 공식 문서를 받았지요. 안용복의 노력 덕분에 우리의 땅 독도를 지킬 수 있었어요.

3

한민족 최초의 국가를 세우다

개천절은 우리나라의 건국을 기리는 날이에요. 단군왕검이 '조선'이라는 나라를 세운 날이지요. 일제 강점기 대한민국 임시 정부에서는 우리나라 사람들에게 민족 의식을 심어 주기 위해 단군이 나라를 세운 날을 개천절이라 정하고 경축 행사를 열었어요. 개천절은 대한민국 정부가 수립된 이후에도 계속 국경일로 인정받았어요.

암행어사가 떴다!

박문수는 조선의 관리로, 지방을 돌아보는 어사로 활동하였어요. 어사는 왕의 특명을 받아 지방에 파견되었던 관리를 말해요. 어사로 파견된 박문수는 백성을 위한 다양한 조치를 취했다고 해요. 이때의 경험으로 백성들 사이에는 백성을 위해 왕의 명으로 비밀리에 활동하며 탐관오리를 벌주는 '암행어사 박문수' 설화가 생겨나게 되었지요.

더 알면 좋은 이야기

'암행어사'는 비밀리에 활동하는 어사였고, '어사'는 왕의 명령을 공개적으로 수행하였어요.

국산품을 애용합시다!

물산 장려 운동은 일제 강점기에 실시된 애국 계몽 운동으로, 경제적으로 자립하기 위해 우리 물건을 쓰자는 운동이에요. 조만식은 조선 물산 장려회를 만들어서 우리나라 제품을 이용하고, 절약하고, 민족 기업을 키워야 한다고 알렸어요. 값싸고 질 좋은 일본 제품을 계속 쓰면 더욱 일본에 의존하게 될 거라고 생각했지요. 물산 장려 운동은 전국에서 참여했으나 물건 값이 오르고 회사만 이득을 보는 등 여러 문제로 흐지부지되었어요.

백성을 살피는 관리가 되려면

정약용은 조선 정조 때의 실학자예요. 성균관에서 공부한 뒤 규장각에서 일하며 정조를 도왔지요. 정조는 수원 화성의 건설을 정약용에게 맡겼어요. 정약용은 거중기를 발명해 3년 만에 화성을 지었지요.

정조가 죽은 뒤 정약용은 유배 생활을 하면서 『목민심서』, 『흠흠신서』 등 관리가 지녀야 할 자세에 관한 훌륭한 책을 남겼어요.

더 알면 좋은 이야기

정약용은 정조가 수원 화성으로 행차할 때 한강에 배다리를 놓았어요. 배를 여러 척 이어서 고정한 다음 판자를 깔아 만든 다리였지요.

겉으로만 부드러운 척하는 거지?

1919년에 3·1 운동이 일어나자 일본은 우리 민족을 힘만으로 굴복시키는 것은 어렵다고 판단하였어요. 결국 식민 통치 방식을 바꾸기로 결정하고 이른바 '문화 통치'를 실시하게 되지요.

헌병 경찰 제도를 보통 경찰 제도로 바꾸고, 한글 신문을 발행할 수 있도록 하는 등 겉으로는 우리 민족을 존중하는 듯 보였어요. 하지만 실제로는 경찰서와 경찰의 수가 '무단 통치' 때보다 더욱 증가하는 등 감시와 탄압이 더 심해졌답니다.

중국을 소개하는 여행기라고?

박지원은 조선의 실학자예요. 학문이 백성의 삶에 도움이 되어야 한다고 생각했지요. 박지원은 조선의 사신으로 중국을 다녀와서 『열하일기』를 썼어요. 중국의 문화와 새로운 기술을 소개하는 책이었지요. 『열하일기』에는 백성을 괴롭히는 양반을 비판하는 이야기도 실려 있어서 박지원의 뛰어난 글솜씨를 엿볼 수 있지요.

이런 뜻이구나!

'열하'는 당시 중국의 황제가 여름에 더위를 피하는 산장이 있던 곳이에요.

10월

캄캄한 어둠에서 되찾은 나라

모두가 평등한 세상을 만들자!

전봉준은 동학 농민 운동을 이끈 지도자예요. 전라도 고부에서 군수가 백성을 못살게 괴롭히자 전봉준과 백성들이 들고일어났어요. 전봉준은 농민군을 모아 관군들과 전쟁을 벌였지요. 동학의 지도자로서 농민군을 이끌던 전봉준은 부하의 밀고로 일제에 잡혀가고 말았어요. 사람들은 몸집이 작은 전봉준을 '녹두 장군'이라고 불렀답니다.

우리도 총과 폭탄으로 저항하겠어!

의열단은 만주에서 조직한 항일 무장 독립운동 단체예요. 우리나라의 독립을 위해서는 일본 관리를 죽이고 건물을 파괴하는 것이 필요하다고 생각했지요. 목숨을 바쳐서 사람들에게 독립 의지를 심어 주고자 한 거예요.

단장 김원봉은 폭탄 만드는 법을 배우고 뜻을 같이 하는 사람을 모아 계획을 세웠어요. 김익상, 김지섭, 나석주 등은 일본 주요 인물과 건물에 폭탄을 던져 피해를 입혔어요.

독립운동가

김원봉은 의열단, 조선 의용대 등을 이끌며 항일 무장 투쟁을 벌였어요. 나중에 한국광복군에도 합류하지요.

4월

뛰어난 재능으로 활약한 위인들

대한민국의 정부를 하나로!

대한민국 임시 정부는 3·1 운동 이후 중국 상하이에 세워진 대한민국의 임시 정부예요. 상하이 임시 정부라고도 해요. 일본의 감시를 피해 상하이에 세워졌지만 윤봉길 의거 이후 일본의 감시가 심해져서 항저우로 옮기고 이후 난징, 광저우로 옮겨야 했어요. 그러다 충칭에 자리를 잡고 광복 때까지 독립운동을 이끌었지요.

더 알면 좋은 이야기

상하이 임시 정부가 있었던 곳은 3층짜리 작은 벽돌집이었어요.

나라를 세우려면 내가 나서야!

소서노는 고구려를 세운 주몽의 아내이자 백제를 세운 온조의 어머니예요. 동부여에서 쫓겨난 주몽은 소서노와 결혼하면서 힘을 키워 고구려를 세웠어요. 소서노가 곁에서 많은 도움이 되었지요. 그런데 주몽이 부여에서 낳은 아들 유리를 태자로 삼자, 소서노는 두 아들 온조, 비류와 남쪽으로 내려갔어요. 그리고 새로운 나라 백제를 세우는 데 큰 도움을 주었어요.

더 알면 좋은 이야기

주몽을 만났을 때 소서노는 일찍 남편이 죽고 난 뒤 홀로 두 아들을 키우고 있었어요. 주몽보다 나이도 많았지요.

일본인에게 호통친 소녀는?

유관순은 일제 강점기의 독립운동가예요. 이화 학당의 학생으로 3·1 운동에 참여한 뒤 고향인 충청남도 천안으로 내려갔어요. 아우내 장터에 모여 다시 만세 운동을 벌이다가 일본에 붙잡혔어요.

유관순은 서대문 형무소에 갇혀 모진 고문을 당했지만 도리어 일본인에게 호통을 치며 뜻을 굽히지 않았어요. 유관순은 결국 계속된 고문과 영양실조로 18살의 나이에 서대문 형무소에서 눈을 감았어요.

더 알면 좋은 이야기

서대문 형무소의 8호 감방은 여자 죄수들을 가둔 곳이었어요. 유관순을 비롯해 독립운동가 심영식, 어윤희, 권애라, 신관빈, 임명애, 김향화 등이 갇혀 있었어요.

거문고와 가야금을 만든 사람은?

왕산악은 고구려 사람으로, 중국에서 보낸 악기인 칠현금을 고쳐서 거문고를 만들었어요. 거문고 연주 솜씨가 뛰어났을 뿐만 아니라 수많은 연주곡을 만들었답니다.

우륵은 가야국 사람으로, 가실왕의 뜻에 따라 12줄의 가야금을 만들었어요. 그리고 왕의 명령으로 가야금으로 연주할 수 있는 12곡을 지었지요. 우륵은 나중에 신라로 가서 신라 사람이 되었답니다.

더 알면 좋은 이야기

왕산악이 거문고를 연주하면 검은 학이 날아와 춤을 추었다고 해요.

나라를 위해 전 재산쯤이야!

이회영은 교육자이자 독립운동가예요. 대대로 부유한 집안이었는데, 한일 강제 병합이 체결되는 것을 보고 이회영을 비롯한 여섯 형제는 만주로 갔어요. 전 재산을 팔아 독립운동에 바치기로 한 것이지요. 만주의 땅을 사서 신흥 무관 학교를 세우고 많은 학생들을 길렀어요. 이회영은 일본군 대장을 처단하려다가 잡혀, 뤼순 감옥에서 고문을 받다가 세상을 떠났어요.

일본에 가르침을 주자

담징은 고구려의 승려이자 화가예요. 백제를 거쳐 일본에 건너가 종이와 먹, 연자방아를 만드는 법을 알려 주었어요. 당시 일본은 불교 문화가 꽃핀 시기였는데, 담징은 호류사에 머물면서 금당의 벽화를 그렸다고 전해요.

더 알면 좋은 이야기

호류사는 일본의 대표적인 절로, 백제의 영향을 많이 받았어요. 호류사 5층 목탑은 정림사지 5층 석탑을 본떠 만든 것으로 추정해요.

독립운동을 막으려고 조작된 사건이라고?

105인 사건은 일본이 신민회 회원 105명을 잡아 가둔 사건이에요. 일본은 안명근이 총독을 암살하려고 했다며 거짓으로 사건을 꾸며 독립운동을 하던 사람들을 잡아갔어요. 신민회 회원을 비롯해 600여 명이 넘는 사람들이 잡혀갔고, 그중 신민회 회원 105명이 유죄 판결을 받았어요. 하지만 거짓 사건이었으므로 대부분이 풀려났지요.

독립운동가

안명근은 안중근 의사의 사촌동생이에요. 일찍부터 활발하게 항일운동을 벌였어요.

떡방아 소리쯤이야 거문고로!

백결 선생은 신라 자비왕 때의 거문고 연주자였어요. 집안이 가난하여 옷을 백 번이나 기워서 입고 다녀 '백결 선생'이라고 불렸어요. 오직 거문고를 연주하면서 고단한 삶을 잊고 살았지요.

백결 선생은 설 전날 이웃에서 나는 떡방아 소리를 부러워하는 아내를 위해 거문고로 떡방아 소리를 들려주었는데 그 곡을 '대악'이라고 해요.

조선인은 칼과 매로 다스려라!

일제 강점기 초기였던 1910년대에 일본은 우리 민족을 힘으로 억누르려 했어요. 그 방법으로 택한 것이 무단 통치(헌병 경찰 통치)였지요.

무단 통치는 일본이 헌병 등을 동원해 힘으로 우리 민족을 억누른 통치 방식이에요. 원래 헌병은 군인을 대상으로 경찰 직무를 수행하는 것이었지만, 일본은 헌병에게 일반 치안까지 담당하게 하였어요.

일본 헌병들은 칼을 차고 다니며 강압적으로 우리 민족을 감시하였고, 일반 관리와 학교의 교사들도 제복을 입고 칼을 차게 하는 등 위협적인 식민 통치를 실시했답니다.

해골 물도 생각하기 나름

원효는 신라의 승려예요. 원효는 당나라로 불교를 공부하러 가다가 밤이 깊어 동굴에서 밤을 보내야 했어요. 한밤중에 목이 말라 옆에 있는 그릇의 물을 마셨는데, 아침에 깨어 보니 그릇이 아니라 해골이었어요. 이때 원효는 모든 것은 마음먹기에 달려 있다는 깨달음을 얻었어요. 그래서 당나라에 가지 않고 신라에 남아, 백성들에게 불교를 알리는 일에 힘썼어요.

이런 뜻이구나!

원효는 흔히 원효 대사라고 불러요. '대사'는 승려를 높여 부르는 말이에요.

경복궁을 가린 일본 건물은?

조선 총독부는 한일 강제 병합 이후에 일본이 설치한 통치 기구예요. 우리나라를 식민 통치하기 위한 모든 일을 조선 총독부에서 맡아서 했지요. 그래서 조선 총독은 절대적인 권한을 쥐고 있었어요.

조선 총독부는 원래 남산에 있었는데 일본은 경복궁 안에 건물을 지어 옮겼어요. 광복 이후에도 여전히 경복궁을 가리던 조선 총독부 건물은 1995년 철거되었어요.

더 알면 좋은 이야기

독립 기념관에는 철거된 조선 총독부 건물의 일부를 전시공원으로 꾸며 놓았어요. 조선 총독부를 상징하던 첨탑은 공원의 중앙 바닥에 놓여 있어요.

왕자가 스님이 됐다고?

의천은 고려 문종 때 승려예요. 문종의 넷째 아들이기도 하지요. 고려에서는 불교를 중시해서 승려가 되는 것은 명예를 얻는 것이었어요. 의천은 서른 살에 송나라로 가서 불교를 공부했어요. 그리고 3천 권이 넘는 불교 경전을 가져와서 교리를 정리하고, 천태종을 만들어 불교계의 통합을 위해 노력했어요.

이런 뜻이구나!

의천은 대각 국사라고도 불리는데, '국사'는 가장 높은 승려에게 나라에서 내린 이름이에요.

조선 왕조 500년이 끝나는구나!

순종은 조선의 마지막 왕이에요. 헤이그 특사 사건으로 고종이 물러나면서 둘째 아들인 순종이 뒤를 이었어요. 이미 일본이 대부분의 권한을 가지고 있었고 순종 주변에는 친일파들뿐이었어요.

한일 강제 병합이 체결되고 대한 제국은 멸망했어요. 이후 순종은 '이왕'으로 불리며 창덕궁에서 지냈는데, 순종의 장례 날에는 대규모의 만세 운동이 일어났지요.

더 알면 좋은 이야기

순종은 고종과 명성 황후 사이에서 태어났어요. 다른 형제로 의친왕, 영친왕, 덕혜 옹주가 있지요. 순종은 영친왕을 황태자로 삼았어요.

『삼국사기』에 없는 이야기도 모으자

일연은 고려의 승려예요. 어릴 때부터 불교 경전을 많이 읽고 승려가 되었어요. 일연은 70세가 넘어 『삼국유사』를 쓰기 시작했어요. 삼국 시대의 역사뿐만 아니라 단군 신화를 비롯한 왕의 탄생 신화와 백성들 사이에 떠도는 설화도 담았지요. 일연은 78세에 승려로서 가장 높은 국존이 되었어요.

이런 뜻이구나!

'국존'은 고려 말에 국사를 바꾸어 부른 것이에요.

온 나라가 부끄러워해야 하는 날은?

한일 강제 병합은 일본이 우리나라를 완전히 빼앗은 조약이에요. 일본은 대한 제국의 군대를 해산시키고 사법권과 경찰권을 빼앗았어요. 그 결과 대한 제국은 스스로 나라를 지키고 다스릴 수 없게 되었지요. 1910년 일본의 통감 데라우치는 순종이 아닌 총리대신 이완용과 몰래 한일 강제 병합을 맺었어요. 우리나라가 일본의 지배를 받게 된 것을 국권 피탈이라고도 말해요. 나라의 권리를 빼앗겼다는 뜻이에요.

이제 따뜻한 면 옷을 입자!

문익점은 고려의 학자예요. 고려의 사신으로 원나라에 갔다가 돌아올 때 목화씨를 가져왔어요. 고려에서는 사람들이 삼베옷을 입고 다녔는데, 삼베는 여름에는 시원하지만 겨울에는 굉장히 추웠어요. 그래서 목화씨로 목화나무를 키워서 얻은 면으로 따뜻한 옷을 만들 수 있게 되었지요. 문익점은 목화나무를 재배하고 면을 뽑는 기술을 전국에 널리 알렸어요.

한글 학자는 왜 보따리를 들고 다녔을까?

주시경은 국어학자이자 독립운동가예요. 독립신문에서 교정보는 일을 하면서 한글에 더욱 관심을 갖게 되었어요. 주시경은 우리의 말과 글을 연구하면서 『국어문법』, 『말의 소리』 등을 펴냈어요. 교사로 일할 때 쉬는 날에는 보따리에 책을 잔뜩 넣어 다니며 사람들을 가르쳐서 '주보따리'라고 불리기도 했어요.

독립운동가

주시경의 호는 '한흰샘'이에요. 크고 맑은 샘이라는 뜻이지요.

궁중 행사에는 우리 음악을!

박연은 조선 세종 때 음악가예요. 박연은 세종이 궁중 행사에서 연주하는 음악을 정비하는 데 많은 기여를 하였어요. 박연은 악보를 정리하고, 조선에서 나는 돌로 조선의 실정에 맞는 편경을 제작하였는데, 이 편경은 중국의 것보다 음이 더 잘 맞았다고 해요.

더 알면 좋은 이야기

박연과 거문고의 왕산악, 가야금의 우륵을 우리나라 3대 악성이라고 불러요. '악성'은 뛰어난 음악가를 가리키는 말이에요.

이토 히로부미, 내 총알을 받아라!

안중근은 을사늑약의 원흉 이토 히로부미를 저격한 독립운동가예요. 일제가 나라를 빼앗으려고 하자 의병을 일으켜 일본군을 무찔렀어요.

안중근은 만주에 있을 때 초대 통감 이토 히로부미가 하얼빈 역에 온다는 소식을 들었어요. 미리 만반의 준비를 한 안중근은 역에 내린 이토 히로부미에게 총을 쏘고 만세를 외쳤어요. 안중근은 재판을 받고 사형이 집행되는 동안에도 우리나라의 독립을 간절히 원했어요.

벼슬보다 글 쓰는 게 더 좋아!

김시습은 조선의 학자이자 문인이에요. 어릴 적부터 똑똑해서 세 살 때부터 글을 지었다고 해요. 김시습은 단종이 수양 대군에게 쫓겨나는 것을 보고 벼슬을 버리고 떠돌이 생활을 했어요. 그리고 금오산에서 살며 우리나라 최초의 한문 소설인 『금오신화』를 지었어요. 모두 평범한 인물들이 신비로운 일을 경험하는 이야기로, 제도나 운명을 극복하려는 의미가 담겨 있지요.

더 알면 좋은 이야기

김시습은 충청남도 부여군 외산면 만수산에 있는 무량사에서 지내다가 세상을 떠났어요. 무량사에는 김시습의 사리를 모신 부도가 있어요.

주인을 모르면 다 총독부 땅이야!

동양 척식 주식회사는 일본이 우리나라의 땅과 자원을 빼앗기 위해 세운 회사예요. 일본은 나라를 빼앗은 다음 세금을 잘 걷기 위해 토지 조사 사업을 벌였어요. 그러면서 땅 주인이 분명하지 않은 땅을 조선 총독부의 땅으로 만들었지요. 조선 총독부는 이 땅을 동양 척식 주식회사에 넘겼고, 동양 척식 주식회사는 일본인에게는 헐값에 땅을 넘기거나, 조선인에게는 땅을 빌려주어 많은 소작료를 챙겼어요.

더 알면 좋은 이야기

의열단의 단원이었던 독립운동가 나석주는 동양 척식 주식회사에 폭탄을 던졌지만 불발하자 일본 경찰에 총을 쏘고 스스로 목숨을 끊었어요.

나비가 착각해서 그림에 내려앉다니!

신사임당은 이이의 어머니로 뛰어난 예술가예요. 어릴 적부터 글씨를 잘 쓰고 글을 잘 짓고, 그림도 잘 그렸어요. 신사임당이 그린 그림에 나비가 와서 내려앉았다는 이야기가 전하지요.

신사임당은 네 아들과 세 딸을 낳아 학자, 예술가로 훌륭하게 키웠어요. 하지만 건강이 좋지 않았던 신사임당은 이이가 열여섯 살 때 갑자기 세상을 떠났어요.

더 알면 좋은 이야기

우리나라 지폐의 오만 원권 인물은 신사임당이에요. 오만 원권은 2009년에 발행되었지요.

나라를 구하는 일에 남녀 구별이 있겠느냐!

윤희순은 우리나라 최초의 여성 의병장이에요. 을미사변, 단발령, 을사늑약 등 큰 일이 있을 때마다 전국에서 의병이 일어났어요. 윤희순은 마을 여성들을 모아 나라를 구하는 일에 나서야 한다고 설득했어요. 그리고 전쟁에 필요한 돈을 모으고, 여성들을 모아 의병 훈련도 시켰으며, 안사람의병가·병정의 노래 등 의병가를 짓기도 했지요. 윤희순은 만주로 건너가 죽을 때까지 독립운동을 이어 갔어요.

여자도 자유롭게 살 수 있다고!

황진이는 조선 시대의 기생이에요. 얼굴도 아름다웠지만 학자와 겨루어도 지지 않을 정도로 글솜씨가 뛰어났지요. 그래서 황진이를 좋아하는 학자들도 많았어요. 황진이는 여성의 활동을 억누르던 조선 시대에 남성 못지않게 대담하고 자유롭게 살았지요.

더 알면 좋은 이야기

송도(지금의 개성)에서 가장 유명한 세 가지를 송도삼절이라고 하는데, 박연 폭포, 학자 서경덕, 황진이를 가리키는 말이에요.

'태백산 호랑이'가 별명이라고?

신돌석은 일제에 맞서 의병을 일으킨 의병장이에요. 을사늑약이 체결되고 전국에서 의병이 일어났어요. 당시 의병장은 대부분 양반이었으나 신돌석은 평민 출신의 의병장으로 강원도와 경상도 일대에서 활약했어요. 기습전으로 싸웠기 때문에 신출귀몰한 '태백산 호랑이'라고 불리며 일본군을 벌벌 떨게 만들었지요.

독립운동가

신돌석은 현상금이 탐이 난 부하의 배신으로 죽고 말았어요. 힘으로 제압할 수 없었던 부하들은 술에 독을 타서 신돌석이 마시게 했어요.

왕의 주치의가 된 최초의 의녀

대장금은 조선 시대의 의녀예요. 천민 신분이어서 가난한 백성들을 치료하는 혜민서에서 의녀로 일하고 있었지요. 하지만 왕의 눈에 띄어 궁으로 들어가 여자 최초로 왕의 주치의가 되었어요. 대장금은 중종이 죽을 때까지 곁에서 건강을 돌보았어요. 실력과 노력으로 신분을 뛰어 넘었답니다.

배워야 나라도 되찾지!

이승훈은 독립운동가이자 교육자예요. 나라를 되찾기 위해서는 교육이 중요하다고 생각하는 사람들이 늘어나면서 전국에 수많은 학교가 생겼어요. 이승훈은 평안북도 정주에 사람들의 도움을 받아 오산 학교를 세웠어요.

오산 학교에서는 우리의 말과 역사를 가르쳤는데 3·1 운동에 적극적으로 참여한 일로 일본이 학교를 불태웠어요. 하지만 다시 세워져 오늘날까지 이어지고 있어요.

더 알면 좋은 이야기

원래 평안북도 정주군에 있었던 오산 학교는 6·25 전쟁이 끝나고 서울 용산구 보광동에 새롭게 자리 잡았어요.

조선 최고의 명필이라고!

한석봉은 조선 시대 서예가인 한호를 말해요. 석봉은 호이지요. 가난한 집안에서 태어났지만 글쓰는 솜씨가 뛰어나 어머니는 떡 장사를 하며 뒷바라지를 했어요. 한석봉이 공부를 소홀히 하자 불을 끄고 어머니는 떡을 썰고 한석봉은 글씨를 썼다는 이야기가 유명해요. 한석봉은 더욱 열심히 노력해 중국 사람들도 놀랄 정도로 글씨를 잘 썼어요.

더 알면 좋은 이야기

한석봉은 여러 현판을 썼어요. 성균관 대성전, 안동 도산 서원, 경주 옥산 서원 등에서 한석봉의 글씨를 볼 수 있어요.

나라 빚은 우리 손으로 갚자!

국채 보상 운동은 백성들이 나라의 빚을 갚겠다며 벌인 운동이에요. 일본은 우리나라에 일부러 많은 돈을 빌려주어 빚을 지게 만들었어요. 빚이 늘어날수록 나라의 주권이 약해질 거라는 계획이 있었거든요. 백성들은 귀중한 물건들을 빚을 갚는 데 쓰라고 선뜻 내놓았어요. 전국으로 퍼져 나갔던 국채 보상 운동은 일본의 방해로 흐지부지되고 말았답니다.

더 알면 좋은 이야기

국채 보상 운동은 대구의 광문사 사장 김광제와 부사장 서상돈으로부터 시작되었어요. 담뱃값을 아껴서 나라의 빚을 갚자고 제안했지요.

조선에서 천재라 불린 여성 시인

허난설헌은 조선 시대의 여성 시인이에요. 양반 가문에서 태어나 어려서부터 글을 잘 지어서 천재라고 불렸어요. 하지만 조선 시대에는 여성이 글을 짓고 활동을 하는 것을 허락하지 않았어요. 허난설헌은 열다섯 살에 시집을 갔지만 결혼 생활은 불행했고, 몸은 점점 약해져 결국 일찍 세상을 떠났지요. 동생 허균이 누나의 글을 모아 펴낸 『난설헌집』은 중국, 일본에도 전해져 찬사를 받았어요.

독립운동은 지도자부터 키워야!

신민회는 안창호가 중심이 되어 만든 비밀 결사 단체예요. 비밀 결사 단체란 몰래 독립운동을 하는 모임이라는 뜻이지요. 먼저 신민회는 대성 학교, 오산 학교 등을 세워 사람들을 깨우치게 하는 일에 나섰어요. 그리고 베델의 도움으로 대한매일신보를 만들었지요. 신민회에서 활동하던 많은 사람들이 해외로 나가서 학교를 세우거나 군사를 훈련시키며 저마다 독립운동을 이어 나갔어요.

동에 번쩍 서에 번쩍 홍길동이다!

허균은 조선 시대의 문신이자 소설가로, 누나는 천재 시인 허난설헌이에요. 대표적인 작품은 최초의 한글 소설 『홍길동전』이에요. 주인공 홍길동은 탐관오리들의 재산을 빼앗아 백성들에게 나누어 주는 의로운 도둑이었어요. 허균은 『홍길동전』을 통해 자신이 하고 싶었던 말을 하고 나쁜 관리를 비판했답니다. 허균은 광해군 때 왕에게 반대하다가 죽임을 당했어요.

조약 무효를 알리러 헤이그로!

헤이그 특사는 고종이 을사늑약의 부당함을 알리기 위해 헤이그에 보낸 3명의 특사를 말해요. 고종은 이상설, 이준, 이위종을 특사로 삼아 네덜란드 헤이그에서 열리는 만국 평화 회의에서 을사늑약이 무효라는 걸 알리라고 했어요. 하지만 회의장에는 들어가지도 못하고 실패로 끝났어요. 일본은 이 일을 꼬투리 잡아 고종을 황제 자리에서 물러나게 했지요.

내 한목숨 던져 적장을 죽일 수 있다면!

논개는 조선 시대 기생이었어요. 임진왜란 때 일본군이 진주성을 차지하고 축하 잔치를 벌이며 조선의 여인들을 불렀어요. 논개도 그 자리에 섞여 있었지요. 논개는 자리가 무르익자 적장을 강가로 이끌었어요. 그리고 양손으로 끌어안고 남강에 몸을 던졌지요.

더 알면 좋은 이야기

논개가 뛰어내린 바위는 의로운 바위를 뜻하는 의암이라고 부르며, 촉석루 바로 아래에 있어요.

전국을 통곡하게 만든 기사는?

시일야방성대곡은 장지연이 황성신문에 쓴 글이에요. 장지연은 황성신문의 사장으로 일본을 비판하는 글을 쓰고 사람들을 계몽시키는 일을 했어요. 을사늑약이 체결되자 조약이 체결되는 과정과 을사오적을 비난하는 글을 실었는데, 이 일로 황성신문은 약 3개월 동안 신문을 발행할 수 없었지요.

이런 뜻이구나!

시일야방성대곡은 '이 날에 목 놓아 울다'라는 뜻이에요.

영혼까지 그린 것 같은 그림이야!

윤두서는 조선 시대의 화가예요. 윤두서는 사실적으로 그림을 그렸으며, 백성들의 모습을 담은 그림은 김홍도와 같은 조선 후기 풍속화가에게 영향을 주었어요. 화면을 가득 채운 윤두서의 자화상은 조선 시대 최고의 초상화로 손꼽히지요.

더 알면 좋은 이야기

조선 시대의 대표적인 화가인 공재 윤두서와 겸재 정선, 현재 심사정은 호에 모두 '재' 자가 붙어 조선의 삼재라고 불려요.

저승에서도 나라를 도울 것이다!

민영환은 고종 때의 관리예요. 러시아 황제의 대관식에 우리나라 대표로 참석하기도 했지요. 민영환은 을사늑약이 체결되자 궁궐로 가서 반대 상소를 올렸어요. 하지만 뜻을 이루지 못하자 '대한 이천만 동포에게 남기는 글'을 쓰고 스스로 목숨을 끊었어요. 이 소식이 전해지자 전국에서 의병이 더 크게 일어났어요.

세자빈이 직접 쓴 글이라고?

혜경궁 홍씨는 사도 세자의 부인이자 정조의 어머니예요. 혜경궁 홍씨는 열 살에 사도 세자의 빈으로 뽑혀 궁으로 들어갔어요. 하지만 사도 세자가 죽고 궁 밖으로 쫓겨났어요. 하지만 다시 궁으로 들어가게 되자 아들 정조를 왕위에 올리기 위해 노력하지요.

혜경궁 홍씨는 사도 세자의 일을 중심으로 자신이 겪었던 일을 기록한 『한중록』을 썼어요. 『한중록』은 대표적인 궁중 문학 작품이에요.

나라를 팔아먹은 다섯 도둑은?

을사오적은 을사늑약을 맺을 때 찬성한 다섯 명의 대신을 말해요. 중명전에 불려 간 대신들은 조약에 찬성하는지 반대하는지 의견을 내야 했어요. 학부대신 이완용, 외부대신 박제순, 내부대신 이지용, 군부대신 이근택, 농상부대신 권중현은 조약에 찬성했지요.

이런 뜻이구나!

을사오적은 '을사년에 나라를 팔아먹은 도둑'이라는 뜻이에요.

천 명에게 쌀을 나누어 주다니!

김만덕은 조선 시대의 상인으로, 전 재산을 내놓아 백성을 도왔어요. 제주도에서 태어난 김만덕은 형편이 어려워 기생으로 살기도 했지만 제주도의 특산품과 육지의 물건을 사고파는 일을 해 큰돈을 벌었어요. 그러던 중 제주도에 태풍이 불어 굶는 사람들이 많자 직접 쌀을 사와서 사람들에게 나누어 주었답니다. 무려 천 명이 넘는 사람들이 김만덕의 도움을 받았지요.

더 알면 좋은 이야기

정조는 김만덕의 선행을 듣고 금강산이 보고 싶다는 김만덕의 소원을 들어주었어요.

외교권이 없으면 우리나라 어떡해!

을사늑약은 1905년 일본에게 외교권을 빼앗긴 조약이에요. 일본은 조선을 보호해 줄 테니 외교권을 넘기라는 내용을 고종에게 보냈어요. 고종이 끝까지 거부하자 일본은 정부 대신들을 불러서 의견을 물었어요. 8명 중 5명이 찬성하자 일본은 조약이 체결되었다고 보았지요.

이런 뜻이구나!

을사늑약은 '을사년에 억지로 맺은 조약'이라는 뜻이에요.

궁궐보다 거리가 더 재미있네!

김홍도는 조선 시대의 화가예요. 뛰어난 실력으로 젊은 나이에 왕의 모습을 그리는 궁중 화가가 되었어요. 그는 다양한 방면의 그림에 뛰어났지만, 특히 서민 생활을 소재로 한 그림을 잘 그렸어요. 김홍도는 춤을 추고, 씨름을 하고, 집을 짓고, 공부를 하는 백성들의 모습을 보고 그림으로 담았어요. 이처럼 사람들이 사는 모습을 생생하게 그린 그림을 풍속화라고 해요.

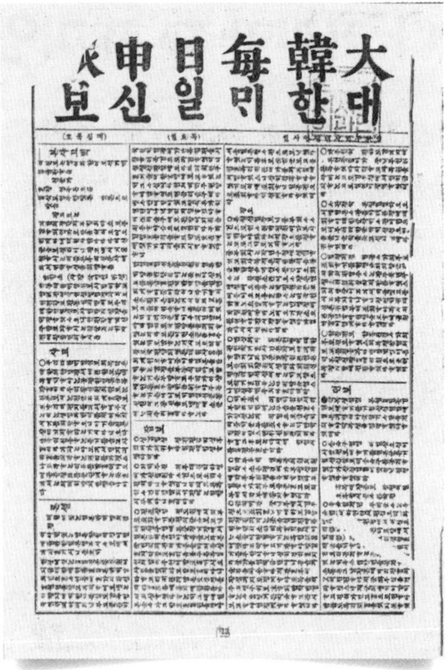
大韓每日申報
대한매일신보

항일 민족 언론의 탄생

대한매일신보는 일제 강점기에 발행된 신문이에요. 한국인이 발행인으로 있던 신문은 일제의 탄압으로 신문을 발행하는 일이 어려웠어요. 그러자 양기탁은 영국인 베델에게 신문사 창간을 부탁했고, 베델은 흔쾌히 승낙했지요. 발행인이 영국인이라 대한매일신보는 독립운동 소식을 전하면서도 검열을 받지 않았어요. 하지만 일본의 괴롭힘으로 베델이 그만두자 결국 일본의 손에 넘어가게 되었지요.

더 알면 좋은 이야기

대한매일신보는 나중에 일제에 넘어가 매일신보로 발행되었어요. 매일신보는 일본에 유리한 기사만 실었지요.

조선 여인이 참으로 아름답구나!

신윤복은 조선 시대의 화가예요. 김홍도와 마찬가지로 풍속화를 그렸는데, 서민들보다는 양반들이 풍류를 즐기는 모습이나 남녀 간의 연애, 기녀의 모습 등을 주로 그렸지요. 김홍도의 그림은 선이 굵지만 신윤복의 그림은 선이 얇고 색이 풍부해요.

더 알면 좋은 이야기

신윤복의 대표작인 '미인도'와 '단오풍정' 등이 실린 『혜원전신첩』은 간송 미술관에 소장되어 있어요.

전기도 들어오고 철도도 생기고!

고종은 대한 제국을 세운 뒤에 여러 개혁 정책을 폈어요. 땅을 조사하고, 세금을 잘 걷게 하고, 나라에서 광산을 관리하도록 하고, 철도도 놓으라고 했지요. 그래서 우리나라 최초의 철도인 경인선이 한성과 인천 사이에 놓였어요. 이후 일본이 경제 침탈을 목적으로 서울과 부산을 잇는 경부선을 놓았어요. 경부선을 만들 때는 많은 조선인들이 강제로 동원되었는데, 일본은 경부선 덕분에 전쟁 물자를 손쉽게 나를 수 있었어요.

상인이 인삼에 불을 질렀다고?

임상옥은 조선 시대의 상인이에요. 집안 형편이 좋지 않아 상인의 집에 얹혀살면서 장사하는 법을 배웠지요. 조선에서 난 인삼은 효능이 좋아 임상옥은 중국에 인삼을 팔아 많은 돈을 벌었어요. 중국 사람들은 인삼 값을 내리려고 일을 꾸미기도 했는데, 임상옥이 알아채고 인삼에 불을 질러 더 비싼 값에 팔았지요. 임상옥은 뛰어난 장사 능력으로 큰 돈을 벌었지만 벼슬도 마다하고 사람들을 도우며 살았어요.

조선의 나라 이름이 바뀌었다고?

대한 제국은 1897년에 새로 정한 우리나라의 이름이에요. 고종은 러시아 공사관에서 1년 만에 경운궁(덕수궁)으로 돌아와 나라의 이름을 대한 제국으로 바꾼다고 선포했어요. 또 왕이라는 호칭 대신 황제라고 부르도록 했지요.

'대한 제국'에는 자주독립 국가라는 것을 알리고 대제국을 이루겠다는 뜻이 담겨 있었어요. 하지만 1910년 일본에 나라를 빼앗기며 대한 제국은 멸망하게 되지요.

긴 연구 끝에 독창적인 자신만의 서체를 완성한 사람은?

김정희는 조선 시대의 학자이자 서예가예요. 늦은 나이에 관직에 올랐는데, 곧고 바른 뜻을 굽히지 않아 오랫동안 유배 생활을 했어요.

김정희는 자신만의 글씨인 추사체를 만들었어요. 추사는 김정희의 호이지요. 김정희는 유배에서 풀려난 뒤 작은 집에서 제자를 가르치며 살았어요.

더 알면 좋은 이야기

김정희의 '세한도'는 푸른 소나무, 잣나무, 집을 그린 것으로 조선 문인화를 대표하는 그림이에요.

미국에서도 이어진 독립운동!

서재필은 개항기에 활발히 활동한 정치가이자 독립운동가예요. 갑신정변이 실패하자 미국으로 건너갔다가 갑오개혁 때 돌아왔어요. 서재필은 독립신문 발행, 독립 협회 창립, 독립문 건립을 주도했어요. 배재 학당에서 학생들을 가르치며 생각을 깨우쳐 주기도 했지요. 서재필은 일본의 방해로 다시 미국으로 돌아갔지만 미국에서 독립운동을 도우면서 세계 언론에 한국의 사정을 알렸어요.

더 알면 좋은 이야기

전라남도 보성군 문덕면 용암리에는 서재필의 생가 근처에 서재필기념공원이 있어요.

우리나라의 산과 들, 지도 속으로!

김정호는 조선 시대의 지리학자예요. 지리에 관심이 많아 지리 책을 읽고 전국의 땅을 살피며 그림으로 그렸지요. 김정호는 청구도·동여도·수선전도 등을 만들었으며, 22개의 첩으로 이루어진 대동여지도를 완성했어요. 그런 다음 많은 자료를 참고해 전국 팔도의 산과 강, 도로, 지리에 관한 내용을 담은 『대동지지』를 펴냈어요.

더 알면 좋은 이야기

실학자 최한기는 김정호에게 많은 도움을 줬어요. 김정호의 청구도에 글을 써 주기도 하고 두 사람이 함께 지도를 만들기도 했어요.

자주독립을 위해 모두 모여!

독립 협회는 우리나라의 자주독립을 위해 서재필, 이상재, 윤치호 등이 만든 단체예요. 독립문을 세우는 일에 앞장섰지요.

독립 협회는 만민 공동회를 주최하기도 했어요. 다양한 사람들이 모여 토론을 하는 만민 공동회는 자유와 민주주의 사상을 전하고 독립 운동가를 길러내는 역할을 했어요. 하지만 독립 협회가 고종에게 여러 개혁안을 요구하면서 자꾸 부딪히자 결국 고종의 명령으로 해산되었어요.

더 알면 좋은 이야기

독립 협회가 발행한 독립신문은 순 한글로 발행했어요. 한글 띄어쓰기와 문장 부호를 정리하여 한글이 널리 보급되도록 했지요.

시인 이름이 삿갓이야?

김삿갓은 조선 시대의 방랑 시인으로 원래 이름은 김병연이에요. 삿갓을 쓰고 방랑 생활을 하여 김삿갓이라고 부르지요. 과거 시험에서 장원을 받았으나 자신이 비판한 사람이 할아버지라는 걸 알고 하늘을 볼 수 없다며 삿갓을 쓰고 다녔어요.

김삿갓은 전국을 떠돌며 백성을 위로하거나 부자들을 조롱하는 시, 사람들의 삶을 담은 훌륭한 시를 많이 남겼어요.

러시아 공사관으로 피하십시오!

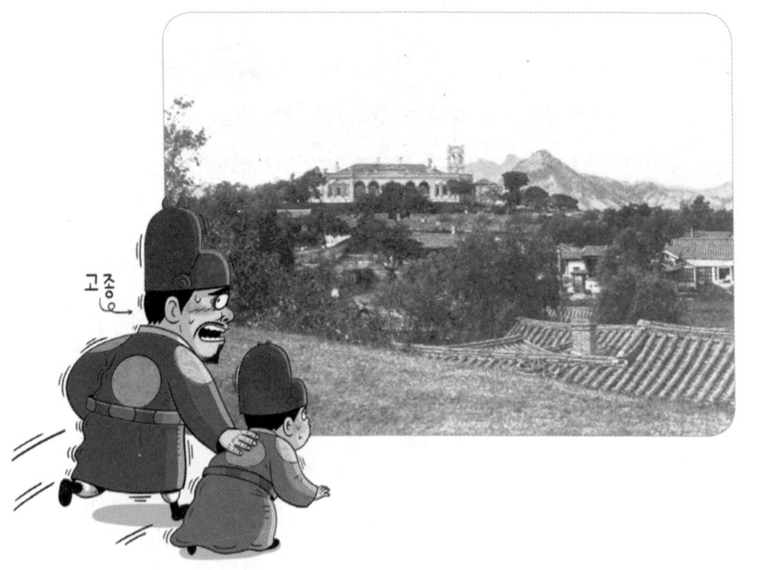

아관 파천은 고종이 러시아 공사관으로 피한 일이에요. 을미사변을 겪고 고종은 큰 두려움을 느꼈어요. 자신도 명성 황후처럼 죽을 수 있다는 불안감에 러시아 공사관으로 몸을 피했지요. 그러자 러시아 편을 드는 사람들이 권력을 차지하고 러시아도 여러 조건을 내걸며 이득을 얻게 되었어요.

이런 뜻이구나!

'파천'은 '왕이 성을 떠나 다른 곳으로 피란한다'는 뜻이에요. 한자로 러시아를 아라사라고 하는데, '아관'은 러시아 공사관을 말하지요.

판소리를 정리한 사람이라고?

신재효는 조선 시대에 판소리를 연구한 예술가예요. 신분이 낮아 과거 시험을 볼 수 없어서 마흔 살이 넘어 판소리를 연구하기 시작했어요. 당시 사람들이 좋아하는 판소리는 저마다 가사도 다르고 내용이 달랐는데, 신재효는 내용을 쉽게 바꾸고 욕설도 부드럽게 순화했지요. 판소리를 하는 소리꾼도 신재효 곁으로 많이 모여들었고, 그의 밑에서 명창들도 여러 명 나왔답니다.

머리를 기르는 것도 마음대로 못 해?

단발령은 상투를 없애고 머리를 짧게 자르라는 명령이에요. 을미사변 이후 일본의 영향 아래에서 권력을 쥔 개화파가 성인 남자는 상투를 자르는 내용을 담은 개혁을 추진하였고, 고종도 일본의 강요에 머리를 짧게 잘랐어요. 하지만 많은 백성이 머리카락은 부모에게 받은 것이니 함부로 할 수 없다며 크게 반발했어요. 전국에서 의병이 일어나 정부에 맞서자 단발을 스스로 선택할 수 있도록 했어요.

최초의 여자 소리꾼은?

진채선은 조선 시대 최초의 여자 소리꾼이에요. 어릴 때부터 소리를 잘했는데, 신재효를 만나 정식으로 판소리를 배우게 되었지요. 남자만 있던 곳에서 진채선은 여자 소리꾼으로 소문이 자자했어요. 진채선은 경복궁 중건 축하연에서 공연을 한 뒤 흥선 대원군의 총애를 받으며 궁궐에서 지냈어요. 하지만 신재효가 병이 나자 그를 돌보기 위해 궁을 나간 뒤 영영 사라지고 말았답니다.

왕비가 궁궐에서 죽임을 당했다고?

을미사변은 일본이 조선의 명성 황후를 죽인 사건이에요. 일본은 조선을 두고 청나라와 전쟁을 벌여서 승리했어요. 그런 다음 더욱 조선 일에 간섭하기 시작했지요. 그러자 고종과 명성 황후는 러시아와 친하게 지내며 일본과 친한 무리들을 밀어냈어요. 그러자 일본은 폭도를 경복궁으로 보내 명성 황후를 잔혹하게 살해했어요. 이 사건이 을미년에 일어나 을미사변이라고 불러요.

동학의 인기가 이 정도일 줄이야!

최제우는 조선 시대에 동학을 만든 사람이에요. 어릴 때부터 책 읽기를 좋아하고 신동으로 불렸던 최제우는 산으로 들어가 깨달음을 얻었어요. 그리고 모든 사람이 평등하다며 새로운 종교 동학을 만들었지요. 나라에서는 동학을 믿지 못하도록 억눌렀지만 동학은 백성들 사이에서 널리 퍼져 나갔어요.

이런 뜻이구나!

서양에서 들어온 천주교를 '서학'이라고 불렀는데, 최제우는 자신이 창시한 종교를 우리 민족이 만든 종교라는 뜻으로 '동학'이라고 불렀어요.

9월

나라를 되찾기 위한 독립운동

목숨보다 믿음을 택한 신부는?

김대건은 우리나라 최초의 천주교 신부예요. 중국 상하이에서 프랑스 신부에게 세례를 받고 조선으로 돌아와 천주교를 알렸지요. 하지만 조선에서는 천주교가 나라를 어지럽히는 종교라며 믿지 못하게 했어요. 그리고 김대건 신부를 잡아가 고문을 하고 천주교를 믿지 말라고 했어요. 하지만 김대건 신부는 천주교에 대한 믿음을 굽히지 않아 목숨을 잃고 말았어요.

더 알면 좋은 이야기

2021년에 김대건 신부의 탄생 200주년을 맞이하여 유네스코는 김대건을 세계 기념 인물로 선정하였어요.

조선 시대로 들어간 것 같아!

한국 민속촌은 우리나라의 대표적인 전통문화 테마파크예요. 조선 시대 전통 집과 민속관, 놀이 마을 등으로 이루어져 있으며 건물과 거리는 전통 방식으로 복원해 놓았어요. 전통적인 생활 공예, 세시 풍속 등을 체험할 수 있고 전통 예술 공연도 볼 수 있지요. 다양한 프로그램을 즐길 수 있어서 젊은 층들도 많이 찾고 있어요.

어디로 가나요?

경기도 용인시 기흥구 민속촌로 90

5월

한국사를 뒤흔든 역사적 사건

화폐에 관한 모든 것

화폐 박물관은 한국은행이 보관하고 있는 국내외의 화폐 및 화폐와 관련된 정보를 볼 수 있는 곳이에요. 한국은행은 우리나라의 중앙은행으로, 화폐를 발행하고 우리나라 돈의 양과 흐름을 조정하는 일을 하지요.

화폐 박물관에는 1~2층에 13개의 전시실이 있어요. 화폐의 일생, 돈과 나라 경제, 화폐 광장, 세계의 화폐실 등으로 이루어져 있지요.

어디로 가나요?

서울특별시 중구 남대문로 39 한국은행

고조선의 마지막 왕은 누굴까?

고조선은 준왕, 위만에 이어 위만의 손자 우거왕에 이르기까지 나라의 힘이 점점 커졌어요. 그러자 한나라는 고조선이 더욱 커지는 것을 막기 위해 고조선으로 쳐들어왔어요.

무려 1년 동안 고조선은 한나라를 잘 막아 냈어요. 하지만 한나라의 군사들이 수도인 왕검성을 포위하면서 우거왕은 목숨을 잃고 고조선도 멸망하게 되었어요.

더 알면 좋은 이야기

우거왕은 한나라와 화친을 맺자는 신하의 손에 목숨을 잃었어요.

일본에는 절대 못 뺏겨!

간송 미술관은 우리나라 최초의 근대식 사립 미술관이에요. 사립은 개인이 세워서 운영하는 미술관이라는 뜻이지요. 간송은 전형필의 호예요. 전형필은 일제 강점기에 개인 돈으로 우리나라 문화재를 수집하고 보관해 왔어요. 그 덕분에 훈민정음해례본을 비롯해 청자, 신윤복과 정선의 그림 등 귀중한 문화재를 지킬 수 있었지요.

어디로 가나요?

서울특별시 성북구 성북로 102-11

살수는 아무도 못 건너!

살수 대첩은 고구려 을지문덕 장군이 살수에서 수나라 군대를 무찌른 싸움이에요. 수나라는 30만 명의 군대를 보내 고구려를 공격했다가 패배하자 다시 200만 명의 대군을 보냈어요.

을지문덕 장군은 일부러 수나라 군대에 항복해 적의 모습을 살폈어요. 이를 통해 수나라 군대가 식량이 부족하고 기운이 떨어져 있는 것을 알아채고 적을 살수 쪽으로 유인해서 30만 명 이상을 무찌르고 큰 승리를 거두었어요.

아픈 역사를 되풀이하지 않으려면

전쟁 기념관은 외세의 침입에 맞서 싸운 전쟁 관련 자료를 볼 수 있는 곳이에요. 선사 시대부터 오늘날까지의 전쟁 관련 자료들이 전시되어 있지요.

전쟁 기념관은 호국 추모실, 전쟁 역사실, 6·25 전쟁실, 해외 파병실 등으로 구성되어 있어요. 야외에는 6·25 전쟁 때 사용했던 장비와 장갑차, 미사일 등 세계의 대형 무기가 전시되어 있어요. 또한 기념비와 조각상 등 여러 조형물도 볼 수 있어요.

어디로 가나요?

서울특별시 용산구 이태원로 29

군인도 백성도 모두 힘을 모으자

안시성 싸움은 고구려 보장왕 때 안시성에서 당나라 군대를 물리친 전투예요. 당나라는 연개소문이 영류왕을 죽였다는 소식을 듣고 이 일을 핑계로 고구려를 쳐들어왔어요.

당나라 군대는 고구려의 여러 성을 차지하고 안시성에 도착했지만 안시성의 성주와 백성들이 힘을 모아 저항하여 성안으로 들어갈 수 없었어요. 당나라 군대는 결국 크게 패하고 물러났지요.

실제로 도움이 안 되면 무슨 소용이야!

실학 박물관은 조선 후기에 나타났던 실학에 관한 모든 자료를 볼 수 있는 곳이에요. 실학은 생활에 도움이 되는 실용적인 학문을 말해요. 농사짓는 기술과 농기구를 개선하고, 토지 제도 및 과거 제도를 바꾸어서 백성들이 편안하게 살 수 있도록 해야 한다고 했지요. 대표적인 실학자로 정약용, 박지원 등이 있어요.

어디로 가나요?

경기도 남양주시 조안면 다산로747번길 16

백제의 군사여, 죽기를 각오하라!

황산벌 싸움은 신라와 백제가 황산벌에서 벌인 전투예요. 신라의 김유신 장군은 5만 명의 군사를 이끌고 백제를 쳐들어왔어요. 백제의 계백 장군과 5천 명의 군사는 신라군에 맞서 네 번이나 이겼어요.

연이은 패배로 신라군의 사기가 점점 떨어지자 신라의 화랑 관창은 홀로 적진으로 들어가 죽음을 맞이했어요. 관창의 희생으로 신라군의 사기가 높아지면서 신라가 승리하고 백제 의자왕은 결국 항복하지요.

신라 유물은 모두 여기로!

국립 경주 박물관은 신라의 문화유산을 한눈에 볼 수 있는 곳이에요. 신라 역사관, 신라 미술관, 월지관 등으로 이루어진 상설 전시관과 특별 전시관으로 나뉘어 있어요. 야외에는 성덕 대왕 신종과 고선사지 삼층 석탑 등이 전시되어 있지요. 국립 경주 박물관은 경주 역사 유적 지구 안에 있으며 주변에는 경주 대릉원, 월성, 황룡사 터 등이 있어요.

 **어디로 가나요?**

경상북도 경주시 일정로 186

어린이의 행복을 위하여

어린이날은 어린이를 차별하지 않고 어린이가 행복하게 자라기를 바라며 만든 날이에요. 방정환은 1921년 어린이라는 단어를 만들고 색동회 회원들과 1923년 어린이날을 만들어 기념행사를 열었어요. 어린이날은 5월 1일, 5월 첫째 일요일로 날짜가 바뀌었다가 1946년부터 5월 5일로 정했어요.

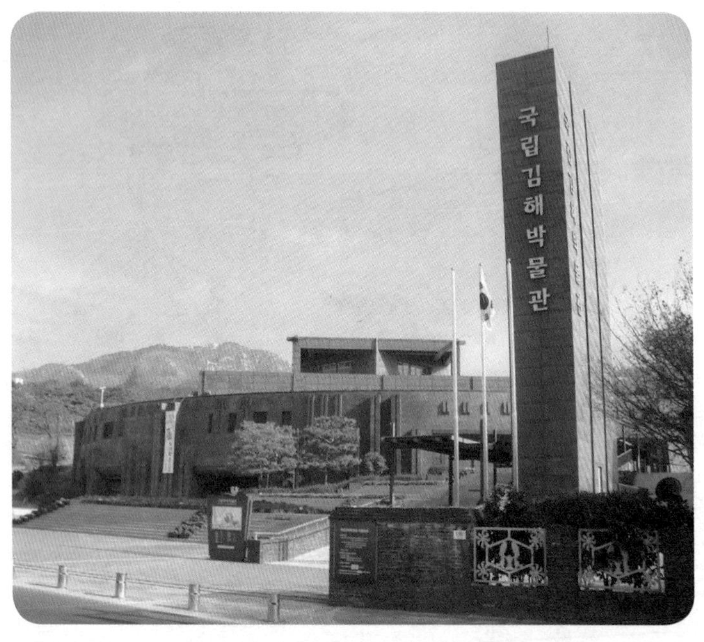

철의 왕국에 오신 것을 환영합니다!

국립 김해 박물관은 가야 시대의 유물들이 전시된 곳이에요. 김해 지역은 금관가야의 중심지로서 봉황동 유적, 수로왕릉, 구지봉, 대성동 고분군 등 가야 시대의 유적이 많이 남아 있어요.

가야는 낙동강 주변에 자리해 농업이 발달하고, 철이 풍부해 철로 많은 도구를 만들어 수출했어요. 국립 김해 박물관 건물의 검은 벽돌도 철의 나라인 가야를 상징해요.

어디로 가나요?

경상남도 김해시 가야의길 190

6

연개소문이 없으니 고구려도 끝이구나!

신라와 당은 백제를 공격해 멸망시킨 다음 고구려를 공격했어요. 하지만 연개소문에게는 이길 수 없었지요. 그러던 중 연개소문이 죽고 연개소문의 동생과 아들들이 다투면서 고구려는 혼란한 상황에 빠졌어요.

이 틈을 타 신라와 당나라 연합군은 고구려의 평양성을 공격했어요. 고구려의 보장왕은 성문을 닫아걸고 끝까지 저항했지만 결국 평양성은 함락되고 고구려는 멸망했지요.

무령왕릉에 이런 게 있었다고?

국립 공주 박물관은 공주 지역과 대전 및 충청남도 지역에서 나온 유물과 유적을 전시한 곳이에요. 특히 공주시 송산리 고분군의 무령왕릉에서 나온 많은 유물이 전시되어 있어요.

무령왕릉은 백제 무령왕의 무덤으로, 무덤 주인을 알 수 있는 최초의 왕릉이에요. 왕관의 장식, 금팔찌, 금귀걸이, 금동 신발, 도자기 등 수많은 유물이 출토되었어요.

 **어디로 가나요?**

충청남도 공주시 관광단지길 34

당나라는 물렀거라!

신라는 당나라의 도움으로 고구려를 멸망시키면서 삼국 통일을 눈앞에 두었어요. 하지만 당나라는 백제 멸망 후 웅진 도독부를 설치하고, 고구려 멸망 후 안동 도호부를 설치하여 한반도를 지배하려 하였어요.

신라 문무왕이 백제 땅에 남아 있던 당나라 군대를 쫓아내자 당나라는 군사 20만 명을 이끌고 쳐들어왔어요. 신라는 매소성과 기벌포에서 승리하여 당나라를 완전히 몰아내고 삼국 통일을 이루었어요.

이런 뜻이구나!

당나라가 한반도에 세운 도독부는 통치를 맡아서 하는 기관을 말해요. 도호부는 군사 기관이에요.

한국의 생활 문화를 알아보자!

국립 민속 박물관은 우리나라의 대표적인 생활 문화 박물관이에요. '한국인의 하루', '한국인의 일 년', '한국인의 일생'이라는 3개의 상설 전시실과 야외 전시로 이루어져 있어요. 건물 뒤로 어린이 박물관이 따로 있어요.

세시 풍속, 마을 신앙, 지역 축제 등 우리나라의 민속자료들을 살펴볼 수 있답니다. 경복궁 자경전 뒤쪽에 있어서 경복궁을 둘러보고 함께 관람하면 좋아요.

 **어디로 가나요?**

서울특별시 종로구 삼청로 37

말솜씨로 적군을 돌려 보내다

고려 성종 때 거란의 소손녕은 80만 명의 군대를 이끌고 고려를 쳐들어왔어요. 이때 거란에 항복해야 한다는 신하들이 많았는데, 서희가 소손녕과 담판을 짓고 오겠다고 나섰어요.

소손녕을 만난 서희는 고려가 고구려를 이은 나라이며 거란보다 송나라와 친한 것은 여진 때문이라고 당당히 말했어요. 결국 서희의 뛰어난 외교술로 거란군은 철수하였어요. 그 뒤 서희는 군사를 이끌고 가 압록강 유역의 여진족을 몰아내고 흥화진·용주·통주·철주·귀주·곽주 등의 강동 6주를 고려의 영토로 편입시키는 데 크게 공헌했어요.

조선 왕실에서는 어떤 일이?

국립 고궁 박물관은 조선 왕실 전문 박물관이에요. 조선 건국부터 대한 제국에 이르기까지 조선 왕실과 궁중의 유물이 전시되어 있지요.

3개의 층에 7개의 전시실이 있는데, 1~2층에는 조선의 국왕, 조선의 궁궐, 왕실의 생활, 대한 제국실과 기획 전시실이 있어요. 지하 1층에는 궁중 서화실, 왕실 의례실, 과학 문화실이 있지요.

어디로 가나요?

서울특별시 종로구 효자로 12

강감찬이 있으면 절대 안 지지!

귀주 대첩은 고려의 강감찬 장군이 귀주에서 거란을 물리친 전투예요. 거란은 기회만 있으면 고려를 쳐들어왔는데, 3차 침략 때 10만 명을 이끌고 쳐들어오자 강감찬 장군이 지휘를 맡았어요.

거란은 고려의 수도를 차지하려고 개경으로 향했지만 군사를 많이 잃어 결국 후퇴했어요. 하지만 귀주에서 강감찬 장군이 이끄는 고려군과 맞붙게 되었지요. 이때 살아 돌아간 거란 군사는 수천 명뿐이었어요.

우리 역사를 한눈에 볼 수 있는 곳은?

국립 중앙 박물관은 우리나라에서 가장 큰 박물관이에요. 선사 시대 유물부터 외국의 유물까지 수많은 유물이 전시되어 있어요. 상설 전시관, 어린이 박물관, 기획 전시실, 야외 전시장 등으로 나뉘어 있어요. 상설 전시실은 중·근세관, 선사·고대관, 서화관, 조각·공예관, 세계 문화관 등으로 나뉘어 있으며 약 1만 점의 유물이 전시되어 있어요.

어디로 가나요?

서울특별시 용산구 서빙고로 137

여진족을 몰아내고 성을 쌓아라!

고려의 북쪽에는 여진족이 세력을 이루어 살며 때때로 고려를 위협했어요. 여진족은 유목 민족이어서 말을 잘 탔기 때문에 전쟁에서 상대하기가 쉽지 않았어요. 그래서 고려 예종 때의 신하 윤관은 말을 잘 타는 특수 부대인 별무반을 만들었어요.

별무반의 활약으로 고려는 북쪽 땅을 차지하고 동북 9성을 쌓았어요. 하지만 동북 9성은 관리가 어려워 나중에 여진에 돌려주었답니다.

더 알면 좋은 이야기

별무반은 말을 타는 기병인 신기군을 비롯해 보병인 신보군, 승려들로 이루어진 항마군으로 구성되어 있었어요.

부처님의 진짜 유골이 묻혀 있다고?

통도사는 신라의 승려 자장 율사가 세운 절이에요. 부처님의 유골인 불사리(진신사리)를 가져와 창건했다는 기록이 있어요. 통도사처럼 불사리를 모신 곳은 불보 사찰이라고 불러요.

불사리를 모신 금강계단, 아홉 마리 용이 살았다는 구룡지, 불상이 없는 대웅전을 비롯해 많은 건물이 있어요. 통도사는 합천 해인사, 순천 송광사와 함께 우리나라 3대 사찰로 손꼽힌답니다.

어디로 가나요?

경상남도 양산시 하북면 통도사로 108

도읍을 옮기려고 했던 승려는?

서경 천도 운동은 고려 인종 때 승려 묘청이 일으킨 반란이에요. 묘청은 고려가 여진과 전쟁을 벌이고 내부도 혼란스러운 때에 도읍을 서경으로 옮기면 고려가 안정될 거라고 했어요. 서경은 땅의 기운이 일어나는 곳이라며 풍수지리를 내세웠지요.

반대 세력 때문에 서경 천도 운동이 무산되자 묘청은 서경에서 반란을 일으켰어요. 하지만 김부식이 이끄는 정부군에 지고 실패로 끝났지요.

나라를 되찾기까지의 모든 것!

독립 기념관은 일제 강점기 때 나라를 되찾기 위해 벌인 독립운동 자료를 볼 수 있는 곳이에요. 일본이 역사를 왜곡하는 것을 보고 국민들이 성금을 모아 독립 기념관을 세웠지요.

6개의 상설 전시관, 특별기획전시실, 체험관(함께하는 독립운동), MR독립 영상관, 야외 전시물 등이 있어요.

 어디로 가나요?

충청남도 천안시 동남구 목천읍 독립기념관로 1

문신도 왕도 필요 없어!

무신정변은 고려 의종 때 무신이 일으킨 반란을 말해요. 고려는 군사 일을 맡고 있던 무신보다 학문을 공부하는 문신을 더 우대했어요. 오랫동안 차별을 받아 오던 무신은 정중부를 중심으로 정변을 일으켰어요. 문신들을 닥치는 대로 죽이고 권력을 차지했지요.

죽은 의종 대신 왕위에 오른 명종은 아무 힘도 없었어요. 정변 이후 고려는 100년 동안 무신들이 강한 힘을 쥐게 되었지요.

더 알면 좋은 이야기

무신정변이 일어난 곳은 보현원으로, 의종이 종종 나들이를 가던 곳이었어요.

독립운동가들의 비명이 끊이지 않아!

서대문 형무소 역사관은 일제 강점기 때 많은 독립운동가가 갇혀 있었던 감옥이에요. 일본 경찰은 독립운동을 하는 사람들을 잡아가 끔찍하게 고문하고 가두었어요. 감옥에서 숨을 거둔 유관순을 비롯해 윤봉길, 김구 등이 서대문 형무소에 투옥되었어요.

서대문 형무소 역사관은 지하 감옥, 감시탑, 고문실, 사형장, 옥사, 역사 전시관 등으로 이루어져 있어요.

어디로 가나요?

서울특별시 서대문구 통일로 251

호락호락하게 항복하지 않으리!

삼별초의 항쟁은 고려 고종 때 삼별초가 몽골과 끝까지 싸운 걸 말해요. 몽골이 고려를 침입하자 왕은 강화도로 도읍을 옮기고 몽골과 맞서 싸웠어요.

40여 년이나 이어진 전쟁은 몽골과 화해하며 끝났지만 삼별초는 왕의 해산 명령을 따르지 않았어요. 그리고 강화도에서 진도, 제주도로 옮기며 끝까지 몽골과 맞서 싸웠어요. 하지만 고려와 몽골 연합군에게 지고 말아요.

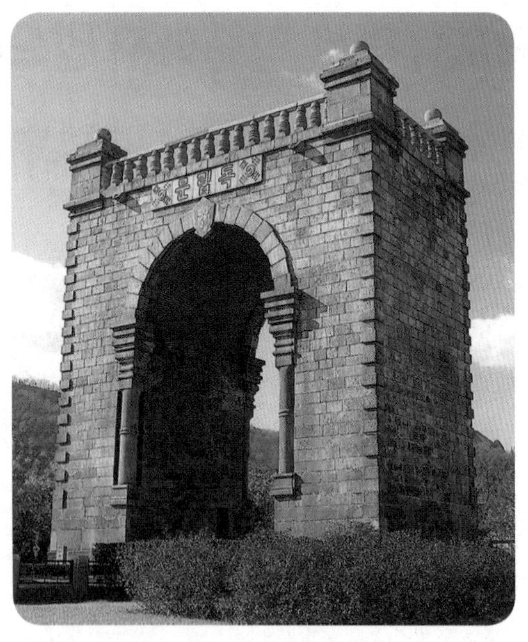

자주독립의 상징을 세우자!

독립문은 독립 협회가 우리나라의 독립을 선언하기 위해 세운 문이에요. 조선 시대에 중국에서 오는 사신을 맞이하던 곳에 세운 영은문을 헐고 바로 뒤에 독립문을 세웠지요. 프랑스 파리의 개선문을 본떠 만든 것이에요.

가운데에 홍예문이 있고, 문 안쪽의 왼쪽에 위로 올라갈 수 있는 계단이 있어요. 정상에는 돌난간이 둘러져 있지요. 문의 위쪽에는 독립문이라는 글자를 기준으로 양쪽에 태극기가 새겨져 있어요.

어디로 가나요?

서울특별시 서대문구 통일로 251

모두 말을 돌려 개경으로!

위화도 회군은 이성계가 위화도에서 말을 돌린 일을 말해요. 고려의 신하였던 이성계는 우왕의 명령으로 어쩔 수 없이 군사를 이끌고 요동 지방으로 향했어요.

하지만 위화도에 도착했을 때 이성계는 무리한 전쟁을 고집하는 왕을 내쫓으려고 개경으로 말을 돌렸어요. 이성계는 우왕을 내쫓고 권력을 차지했어요. 그리고 얼마 뒤 새로운 나라 조선을 세웠지요.

더 알면 좋은 이야기

위화도는 평안북도 신의주시에 속해요. 압록강 하류에 모래와 흙이 쌓여 만들어진 섬이지요.

위대한 학자의 시작과 끝이 이곳에서!

정약용 유적지는 조선 시대 실학자 정약용이 태어난 곳이자 마지막을 보낸 곳이에요. 정약용은 전라남도 강진에 18년 동안 유배되어 『목민심서』, 『경세유표』 등 500권이 넘는 책을 썼어요. 그리고 유배에서 풀려난 뒤에 고향으로 돌아왔지요.

정약용 유적지에는 정약용이 태어난 여유당과 정약용의 묘, 다산문화관과 다산기념관이 있어요. 수원 화성을 지을 때 썼던 거중기 모형도 볼 수 있지요.

 **어디로 가나요?**

경기도 남양주시 조안면 다산로747번길 11

왕이 되려고 형제를 죽였다고?

왕자의 난은 이성계의 아들들이 왕의 자리를 차지하려고 일으킨 두 차례의 난이에요. 이성계가 막내 방석을 세자로 삼자 다섯째 방원은 동생 방번과 방석을 죽였어요.

하지만 사람들의 비난이 두려워 둘째 형을 왕으로 세웠는데, 권력은 방원에게 있었지요. 그러자 이번에는 넷째 방간이 방원을 죽이려다 실패했어요. 왕자의 난이 끝나고 방원은 형 정종에 이어 왕위에 올라 태종이 되었어요.

광복절, 나라의 주권을 다시 찾다!!

드디어 다시 찾은 빛!

광복절은 우리나라가 주권을 되찾은 것을 기리는 날이에요. 1945년 8월 15일 일본의 항복으로 우리나라는 광복을 맞았어요. 광복은 '빛을 되찾다'는 뜻이에요. 암울한 일제 강점기에서 벗어났다는 의미이지요. 정부는 8월 15일을 광복절이라고 하고 국경일로 정했어요.

삼촌이 조카에게 이럴 줄이야

계유정난은 수양 대군이 왕이 되기 위해 반대 세력을 죽인 사건이에요. 문종이 왕위에 오르고 2년 만에 세상을 떠나자 단종은 열두 살에 왕이 되었어요.

단종의 삼촌인 수양 대군은 왕의 자리가 탐이 나서 단종을 따르던 신하들을 죽이고 권력을 차지했어요. 얼마 뒤 단종은 수양 대군에게 순순히 왕위를 넘겨주었고, 수양 대군은 세조가 되었지요.

더 알면 좋은 이야기

수양 대군의 동생 안평 대군은 학문뿐 아니라 글씨와 그림이 뛰어났어요. 하지만 계유정난에 휘말려서 목숨을 잃었어요.

천주교를 믿는 게 왜 잘못이야!

해미읍성은 조선 고종 때 천주교 신자 천여 명이 목숨을 잃은 곳이에요. 조선 시대에는 천주교가 나라를 혼란하게 만든다고 여기고 믿지 못하게 했어요. 그래서 뜻을 굽히지 않는 사람들은 죽임을 당했답니다.

해미읍성 안에는 기념관, 성당, 순교탑, 조각상 등이 설치되어 있어요.

어디로 가나요?

충청남도 서산시 해미면 성지1로 13

우리의 왕은 단종이야!

사육신과 생육신은 단종에게 신의를 지킨 신하들을 말해요. 세조가 단종의 것이었던 왕의 자리를 빼앗았다고 생각한 신하들은 단종을 다시 왕으로 세우려고 했어요.

집현전 학자였던 성삼문과 박팽년 등은 미리 계획을 세웠지만 발각되어 죽임을 당했어요. 이때 목숨을 잃은 여섯 명의 충신을 사육신이라고 하고, 벼슬을 버리고 세조를 섬기지 않았던 여섯 명의 신하는 생육신이라고 해요.

이순신 장군에 대해 알고 싶다면!

현충사는 이순신 장군의 정신과 업적을 기리기 위해 세운 사당이에요. 이순신의 시골 본가가 있던 충청남도 아산에 사당을 세우고 숙종이 '현충사'라는 이름을 내려 주었지요.

현충사에는 충무공 이순신 기념관이 있어 이순신 장군과 임진왜란에 관한 여러 유물을 볼 수 있어요. 이순신 장군이 임진왜란 때 쓴 『난중일기』도 현충사에 소장되어 있지요.

어디로 가나요?

충청남도 아산시 염치읍 현충사길 126

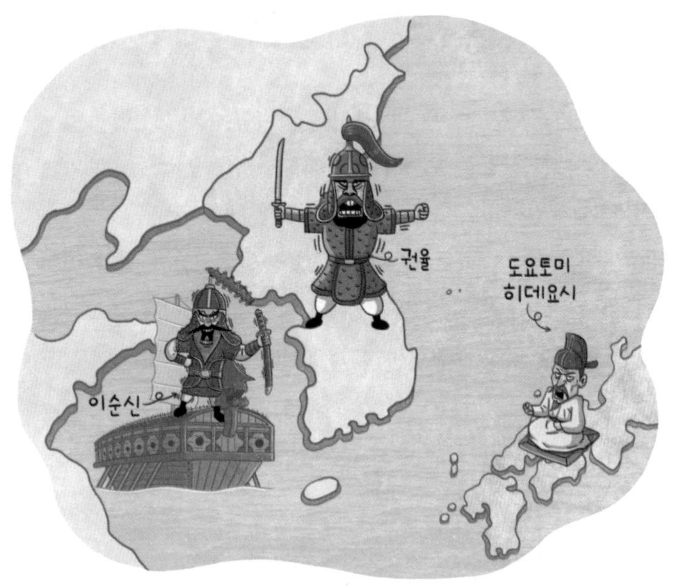

바다에서 막고, 육지에서 싸우고!

임진왜란은 조선 선조 때 일본이 쳐들어온 전쟁이에요. 무려 7년 동안 이어졌고, 두 번째 침략을 따로 정유재란이라고 부르기도 해요.

도요토미 히데요시는 일본을 통일하고 나라 밖으로 관심을 돌리려고 임진왜란을 일으켰어요. 20여 일 만에 한양을 차지했지만 이순신, 권율, 곽재우 등의 활약으로 일본군을 물리칠 수 있었지요.

더 알면 좋은 이야기

임진왜란 때 주로 쓰였던 무기는 천자총통과 같은 총통이었어요. 이외에 신기전이나 비격진천뢰 등 화약 무기가 크게 활약했어요.

우리나라 최초의 서원

소수 서원은 조선 중종 때 세워진 우리나라 최초의 서원이에요. 주세붕이 성리학자인 안향을 모시기 위해 사당을 만들면서 동쪽에 백운동 서원을 함께 세웠지요.

이황이 이 지역 군수로 일할 때 왕에게 청하여 명종은 '소수'라는 이름을 내렸어요. 이후로 소수 서원이라고 불리게 되었지요. 소수 서원은 유생들이 학문을 닦고 토론을 하거나 제사를 지내는 곳이었어요.

 **어디로 가나요?**

경상북도 영주시 순흥면 소백로 2740

전라도로 절대 못 들어가!

진주 대첩은 임진왜란 때 진주성에서 크게 이긴 전투예요. 평양성까지 치고 올라온 일본군은 전라도로 들어가는 길목에 있는 진주성을 공격했어요.

하지만 김시민 장군이 이끄는 군사들은 백성들과 힘을 모아 성을 지켰어요. 전쟁은 승리했지만 김시민 장군은 총에 맞아 세상을 떠났어요.

더 알면 좋은 이야기

임진왜란 때 큰 승리를 거둔 진주 대첩, 행주 대첩, 한산도 대첩은 임진왜란 3대 대첩으로 불려요.

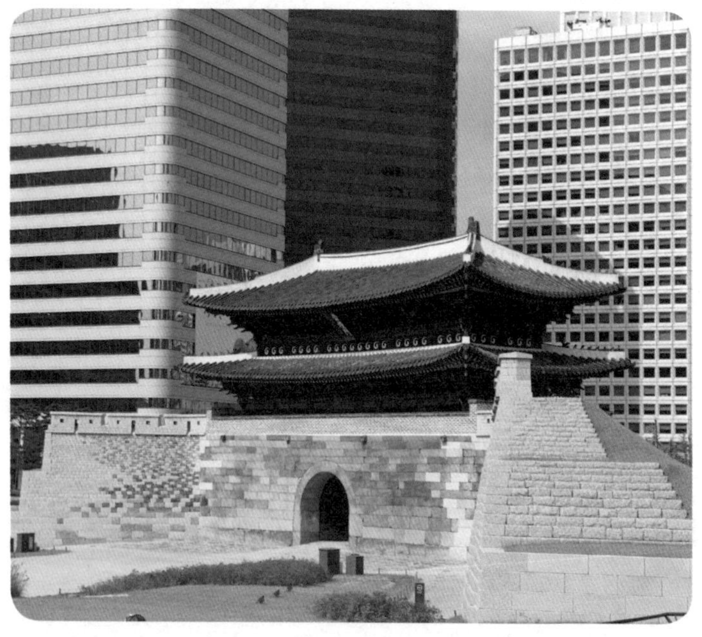

서울로 들어가는 남쪽 대문이야!

숭례문은 조선 시대 서울 도성의 남쪽 정문을 말해요. 그래서 흔히 남대문이라고도 불리지요. 돌로 거대한 기단을 쌓고 중앙에 홍예문을 냈어요. 홍예문은 문의 윗부분을 무지개 모양으로 둥글게 만든 것이지요.

숭례문은 서울에 남아 있는 목조 건물 중 가장 오래된 것이었는데, 2008년 화재로 2층 누각이 거의 불에 타 복구 작업을 해서 2013년 제 모습을 찾게 되었어요.

어디로 가나요?

서울특별시 중구 세종대로 40

백성과 함께 왜군을 무찌르다!

행주 대첩은 임진왜란 때 행주산성에서 크게 이긴 전투예요. 일본군이 한양까지 치고 올라오자 선조는 궁을 버리고 도망쳤어요.

권율 장군은 한양을 되찾기 위해 행주산성에서 진을 치고 있었어요. 일본군이 대대적으로 행주산성을 공격했는데, 권율 장군의 지휘 아래 조선군과 백성들이 힘을 합쳐 싸워 일본군을 무찔렀어요.

이런 뜻이구나!

행주치마는 부엌일을 할 때 쓰는 앞치마예요. 행주산성에서 여자들이 치마에 돌을 담아 날랐다는 이야기에서 유래했어요.

왕이 되어 거닐고 싶어!

경복궁은 조선을 세운 이성계가 지은 궁궐이에요. 조선의 정궁 혹은 법궁이라고 하는데, 왕이 머물면서 지내는 궁궐이라는 뜻이에요.

경복궁으로 들어가는 정문은 광화문이라고 부르고, 업무를 보는 근정전, 왕이 잠을 자는 강녕전, 왕비가 잠을 자는 교태전 등 많은 건물이 있어요. 경복궁은 임진왜란 때 불에 탔지만 흥선 대원군 때 다시 복원되었어요.

어디로 가나요?

서울특별시 종로구 사직로 161

배들이 학의 날개처럼 움직인다고?

한산도 대첩은 이순신 장군이 한산도 앞바다에서 일본군을 크게 이긴 전투예요. 이순신 장군은 옥포 해전에서 큰 승리를 거뒀으며, 사천 해전에서는 거북선을 이용해 또 승리했어요.

그리고 한산도에서 일본군을 상대할 때는 적의 배를 유인해 학이 날개를 편 듯한 학익진 전법으로 승리했어요. 한산도 대첩으로 일본군은 바다를 통해 전쟁에 필요한 식량과 무기를 받을 수 없게 되어 기세가 꺾였지요.

몽골을 피해서 강화도로!

강화 고려궁지는 몽골이 침입했을 때 지은 고려 궁궐이 있었던 곳이에요. 고려 고종 때 몽골의 침입을 피해 강화도로 도읍을 옮기고 도성과 궁궐, 관청 등을 세웠어요.

고려 원종이 개성으로 돌아간 이후 궁궐과 여러 건물이 허물어지고 지금은 조선 시대에 만든 관아 건물인 명위헌, 이방청, 왕실 서적을 보관한 외규장각(복원), 강화 동종 등만 남아 있어요.

어디로 가나요?

인천광역시 강화군 강화읍 강화대로 394

고립된 남한산성에서 무슨 일이?

병자호란은 조선 인조 때 청나라가 침략한 난리예요. 청나라 태종은 조선이 청나라의 요구를 거부하자 대군을 이끌고 조선을 쳐들어왔어요. 인조는 놀라 급히 남한산성으로 몸을 피했지요.

성이 청나라 군대에 포위되자 신하들은 항복해야 한다는 쪽과 싸워야 한다는 쪽으로 나뉘었어요. 결국 인조는 청나라에 항복하고 이후 인조의 두 아들은 청나라에 인질로 끌려갔지요.

도시에 웬 무덤이 이렇게 많아?

경주 대릉원은 신라 때 고분 23기가 모여 있는 곳이에요. 모두 신라 시대의 왕과 귀족들의 무덤이지요.

대표적인 것으로 황남 대총과 천마총이 있어요. 황남 대총은 두 개의 봉우리가 남북으로 이어져 있으며 신라 고분 중에서 가장 커요. 천마총은 금관이나 금으로 만든 장신구가 많이 발굴된 곳으로, 천마도가 발견되어 천마총이라고 불리지요.

어디로 가나요?

경상북도 경주시 계림로 9

왕이 머리를 박고 절을 했다고?

삼전도의 굴욕은 인조가 삼전도에 가서 청나라 태종에게 머리를 숙이고 항복한 일을 말해요. 남한산성에서 고립되어 식량이 떨어지자 인조는 청나라에 항복해야 한다는 신하들의 말을 따랐어요. 그리고 삼전도에서 청나라 태종에게 세 번 절하고 아홉 번 머리를 찧는 수모를 겪어야 했지요. 끝까지 항복을 반대하던 홍익한·윤집·오달제 등 세 학자는 청나라로 끌려가 죽임을 당했어요.

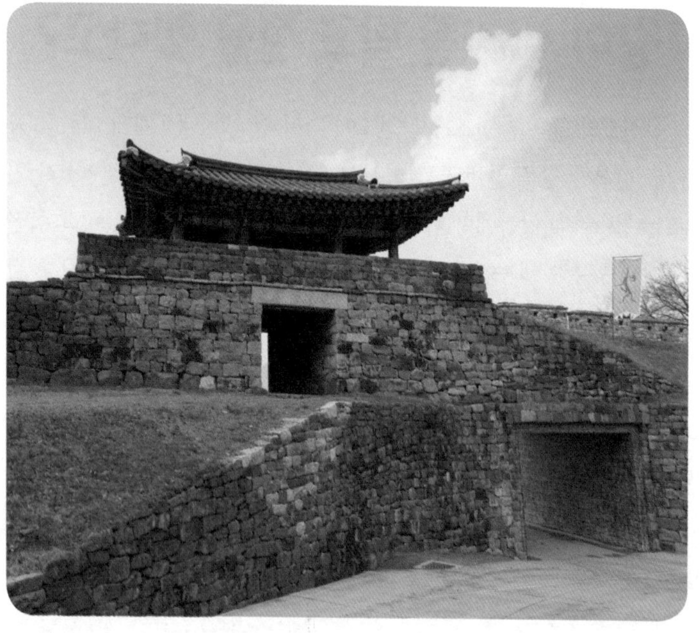

백제의 성으로 가자!

공산성은 백제 때 만들어진 산성으로, 원래 이름은 웅진성이었어요. 성벽의 둘레는 2.4킬로미터 정도이고 공산의 능선을 따라 돌과 흙으로 쌓았어요. 공산성 옆으로는 금강이 흐르고 있지요.

성안에서는 백제 시대의 유물이 많이 발굴되었으며 지금은 왕궁 자리와 건물 자리가 터만 남아 있어요.

어디로 가나요?

충청남도 공주시 웅진로 280

세자가 뒤주에 갇혀 죽었다고?

사도 세자는 영조의 둘째 아들이에요. 큰아들 효장 세자가 열 살 때 죽고 난 뒤 세자에 책봉되었지요. 영조는 사도 세자에게 너무 큰 기대를 걸었고 두 사람 사이에 점점 갈등이 생겼어요.

영조는 한여름에 뒤주를 가져오게 해 사도 세자를 가두었어요. 사도 세자는 8일 만에 굶어 죽고 말았지요.

이런 뜻이구나!

사도는 '세자의 죽음을 슬퍼한다'는 뜻으로 사도 세자가 죽은 뒤 영조가 내린 이름이에요.

백제가 이곳에서 건국되었다고?

몽촌토성은 백제를 세운 온조가 도읍으로 삼았던 위례성으로 추정되는 토성이에요. 한강으로 흘러가는 성내천 남쪽에 있지요. 진흙으로 쌓은 성벽과 나무로 울타리를 만든 목책이 남아 있고 성 주변에는 물길을 낸 해자 흔적도 있어요.

몽촌토성 주변에는 서울 풍납동 토성과 서울 석촌동 고분군 등 백제 전기의 유적들이 남아 있어 백제의 문화와 역사를 살펴볼 수 있어요.

어디로 가나요?

서울특별시 송파구 올림픽로 424 올림픽공원

나쁜 관리를 혼내 주자!

홍경래의 난은 조선 순조 때 홍경래가 일으킨 농민 항쟁이에요. 순조 때 왕실의 친척이나 신하가 권력을 쥐고 휘두르는 세도 정치로 나라가 혼란하고 나쁜 관리들의 횡포도 심했어요.

홍경래는 사람들을 모아서 들고일어났어요. 이들은 정주성에서 끝까지 관군과 맞서 싸웠지만 성은 함락되고 홍경래는 총에 맞아 죽음을 맞이했지요. 홍경래의 난은 이후 농민 항쟁에 많은 영향을 주었어요.

가야 사람들은 어떻게 살았을까?

김해 봉황동 유적은 초기 철기 시대의 유적이 남아 있는 곳이에요. 고인돌과 돌널무덤, 조개더미, 집터 등이 남아 있고, 토기를 비롯한 여러 유물이 출토되었어요.

이 지역은 금관가야 때 많은 사람들이 모여 산 곳으로 추정돼요. 가야 시대에 황세 장군과 출여의 낭자의 이루지 못한 슬픈 사랑 이야기와 관련된 황세 바위와 여의각 등의 유적이 있어요.

어디로 가나요?

경상남도 김해시 봉황동 253

무기가 좋아도 소용없을걸!

병인양요는 조선에서 천주교를 탄압하자 프랑스 함대가 강화도를 공격한 사건이에요. 고종 때 흥선 대원군은 본국의 이익만 챙기려는 프랑스를 막기 위해 천주교를 박해하고 프랑스 신부와 천주교를 믿는 사람들 수천 명의 목숨을 빼앗았어요.

이 소식을 들은 프랑스에서 일곱 척의 함선과 천여 명의 군인을 보내 강화도를 공격했지요. 프랑스군은 신식 무기를 가지고 있었지만 조선군에게 지고 프랑스로 돌아갔어요.

비나이다, 비나이다!

강화 참성단은 단군이 하늘에 제사를 올렸다고 전해지는 제단이에요. 마니산의 서쪽 봉우리에 있지요. 돌을 둥글게 쌓아 기단을 만들고 그 위에 네모반듯하게 상단을 쌓았어요. 둥근 것은 하늘, 네모난 것은 땅을 상징하지요.

고려 시대와 조선 시대에도 참성단에서 제사를 지냈다는 기록이 남아 있어요. 오늘날에도 개천절에 이곳에서 개천 대제 행사가 열리고 있어요.

어디로 가나요?

인천광역시 강화군 화도면 흥왕리 산42-1

우리 바다를 휘젓는 서양인을 혼내 주자!

신미양요는 제너럴셔먼호 사건을 구실로 미국 군함이 강화도를 공격한 사건이에요. 미국의 상선 제너럴셔먼호는 조선을 찾아와 교역을 하자며 백성들을 위협하다가, 분노한 백성들의 공격을 받아 배는 불에 타고 선원들은 모두 죽었어요.

몇 년 뒤 미국은 제너럴셔먼호 사건의 책임을 묻겠다며 군함을 보내 강화도를 공격했어요. 미군은 막강한 무기로 광성보를 차지했지만 조선군의 저항이 심해 결국 강화도에서 물러날 수밖에 없었어요.

신석기 사람처럼 살아 보고 싶을 때는!

서울 암사동 유적은 신석기 시대의 모습을 볼 수 있는 유적이에요. 선사 시대에는 사람들이 강 주변에 집을 짓고 살기 시작했는데, 한강 옆의 암사동에서 선사 시대 유물이 많이 나왔어요.

암사동 유적에서는 움집을 원래 모습으로 복원하여 당시 사람들의 생활 모습도 볼 수 있어요. 유적 내의 암사동 선사 유적 박물관에서는 빗살무늬 토기와 간석기 유물을 직접 볼 수 있어요.

어디로 가나요?

서울특별시 강동구 올림픽로 875

문을 단단히 걸어 잠가라!

통상 수교 거부 정책은 조선 시대에 나라의 문을 닫고 외국과 교류하지 않는 정책을 말해요. 중국이 서양에 항구를 열면서 나라가 불안해지는 것을 보고 흥선 대원군은 외국과의 모든 관계를 끊었어요. 그리고 조선에 침략하는 서양과 친하게 지낼 수 없다는 뜻을 새긴 척화비를 전국 여러 곳에 세우기도 했어요.

더 알면 좋은 이야기

서울과 지방에 세워졌던 척화비는 청나라가 흥선 대원군을 데려간 3년 동안 대부분 철거되었어요.

누가 바위에 낙서했어?

반구대 암각화는 선사 시대 때 바위에 새긴 그림이에요. 울산 대곡천에 있지요. 높이 약 3미터, 가로 약 10미터에 350점이 넘는 그림이 새겨져 있어요. 새끼를 밴 호랑이나 고기를 잡는 어부, 작살을 맞은 고래 등 사실적인 모습들을 볼 수 있어요.

이 그림은 주로 신석기 시대에 그려졌는데 고래 사냥 모습을 볼 수 있는 세계에서 가장 오래된 암각화예요.

어디로 가나요?

울산광역시 울주군 언양읍 반구대안길 285

3일 동안 무슨 일이 있었나?

갑신정변은 조선의 근대화를 바라는 김옥균, 박영효 등의 개화파가 일으킨 정변이에요. 개화파는 청나라가 사사건건 조선에 간섭하자 자주독립하기 위해서는 서양의 문물을 받아들이고 근대 국가를 이루어야 한다고 생각했어요.

그래서 우정총국 건립 축하 잔치에서 반대 세력을 없애고, 새로운 정부를 만들려고 했지요. 하지만 청나라 군대가 들어오면서 갑신정변은 3일 만에 실패로 끝났어요.

주먹 도끼를 직접 볼 수 있다고?

연천 전곡리 유적은 선사 시대의 주먹 도끼와 찍개, 긁개 등이 출토된 유적지예요. 주먹 도끼는 대표적인 뗀석기로, 사냥을 하거나 동물의 가죽을 벗길 때 사용했어요.

연천 전곡리 유적은 한탄강이 U자 모양으로 돌아 흐르는 오른쪽에 있어요. 근처의 전곡 선사 박물관에서는 연천 전곡리 유적에서 발견된 유물과 선사 시대 모습을 볼 수 있지요.

어디로 가나요?

경기도 연천군 전곡읍 양연로 1510

농민들도 화나면 무섭다고!

동학 농민 운동은 전라북도 고부에서 전봉준이 중심이 되어 일으킨 농민 운동이에요. 고부 군수 조병갑이 많은 세금을 걷으면서 사람들을 괴롭히자 전봉준을 비롯한 동학 신도와 농민들이 들고일어났지요.

동학 농민군의 세력이 점점 커지자 정부는 청나라에 도움을 요청했고, 일본도 군대를 보내 결국 동학 농민 운동은 막을 내리게 되었어요.

이런 뜻이구나!

동학은 최제우가 창시한 종교로 인내천, 즉 '사람이 곧 하늘'이라는 교리를 따랐어요. 천주교를 서학이라고 부른 것에 대항해 동학이라고 불렀지요.

8월

전국 곳곳에서 만나는 우리 문화유산

불평등한 관계의 시작

강화도 조약은 조선과 일본이 맺은 최초의 근대 조약이에요. 일본은 조선의 문을 열게 하려고 운요호를 보내 조선 바다를 휘저었어요. 서로 대포도 쏘았지요. 이를 핑계로 일본은 조선과 강화도 조약을 맺었어요.

조선은 부산, 인천, 원산의 항구를 열어야 하며, 항구에서 일본인이 죄를 지어도 벌을 주지 못하는 등 모두 일본에 유리한 불평등한 조약이었지요.

거리를 밝히는 부처님의 지혜!

연등회는 부처님 오신 날 무렵에 전국적으로 등불을 밝히고 복을 비는 행사예요. 거리에 연등을 장식하거나 직접 만든 연등을 들고 행렬에 참여하지요. 이렇게 등불을 밝히는 것은 부처님의 지혜를 상징해요.

전국 규모의 연등회에서는 크고 화려하며 개성 있는 연등을 볼 수 있지요. 연등회는 불교에서 시작되었지만 오늘날에는 가족, 이웃의 복을 빌며 많은 사람이 참여하는 행사가 되었어요.

더 알면 좋은 이야기

유네스코 세계 유산 등재 2020년

6 월

찬란한 우리나라 유물·유적

작아도 기술만 있으면 장사!

씨름은 우리나라 고유의 운동이에요. 두 사람이 샅바를 잡고 온갖 기술로 상대를 먼저 넘어뜨리면 이기지요. 샅바란 허리와 다리를 둘러 묶은 긴 천을 말해요.

씨름에서 이긴 우승자는 황소를 상으로 받고 '장사'라고 불려요. 장사는 경기가 끝나면 황소를 타고 행진을 하지요.

씨름 기술은 안다리 걸기, 밭다리 걸기, 들배지기 등 다양하고 몸무게에 따라 태백, 금강, 한라, 백두 체급으로 나누어요.

더 알면 좋은 이야기

유네스코 세계 유산 등재 2018년

이왕이면 무늬도 넣자!

빗살무늬 토기는 길쭉한 고깔 모양의 토기로 빗살무늬가 새겨져 있어요. 뾰족한 아래쪽을 땅에 묻고 곡식을 담거나 음식을 만들 때 사용했지요. 신석기 시대의 대표적인 토기로 우리나라 전 지역에서 발견되고 있어요.

더 알면 좋은 이야기

표면에 빗으로 긁어 놓은 듯한 무늬가 있어서 빗살무늬 토기라는 이름이 붙었어요.

숨 참고 바닷속으로 잠수!

해녀는 아무런 장비 없이 숨을 참고 잠수하여 해산물을 따는 사람이에요. 길게는 몇 분 동안 숨을 참을 수 있어요.

해녀는 물때와 물살의 흐름을 잘 알아야 하고 해산물이 나는 시기도 잘 알아야 해요. 게다가 20미터 넘게 내려갔다가 올라와야 하므로 욕심을 부리지 않는 마음도 중요해요.

해녀들은 물속에서 나와 뱉는 날숨인 숨비소리를 듣고 서로를 확인하고 돕는답니다.

더 알면 좋은 이야기

유네스코 세계 유산 등재 2016년

최고의 청동 무기는?

청동기 시대는 구리와 주석을 섞은 청동으로 도구를 만들어 사용한 시대를 말해요. 대표적인 것으로 비파형 동검과 세형동검이 있지요.

비파형 동검은 악기 비파와 닮아 비파형 동검이라고 불러요. 칼날을 손잡이에 끼워 사용했어요. 세형동검은 칼날이 더욱 좁고 가늘어요. 우리나라에서 주로 발견되어 한국식 동검이라고도 부르지요.

더 알면 좋은 이야기

청동기 시대와 철기 시대에 청동으로 만든 다른 유물로는 잔무늬 거울, 청동 방울, 농경문 청동기 등이 있어요.

영차, 영차! 박자 맞춰 당겨!

줄다리기는 농사가 잘되기를 바라면서 편을 나누어 줄을 당기는 놀이예요. 줄다리기의 결과로 한 해의 운을 점치기도 하지요.

줄의 길이는 100미터나 되었고 새끼줄을 꼰 모양에 따라 암줄과 수줄로 나누었어요. 지름은 무려 1미터나 돼서 두꺼운 줄에 지네 발처럼 작은 줄을 매어 당겼어요.

예전에는 운동회 날이면 맨 마지막에 꼭 줄다리기를 해 단결심을 길렀어요.

더 알면 좋은 이야기

유네스코 세계 유산 등재 2015년

말을 타고 사냥을 했다고?

수렵도는 사냥하는 모습을 그린 그림이라는 뜻이에요. 고구려의 무덤에서는 수렵도를 종종 볼 수 있는데 무용총 수렵도가 가장 유명해요. 달리는 말에서 활을 쏘며 사냥하는 모습이 힘차고 생생하게 표현되어 있지요. 고구려 수렵도를 통해서 고구려 사람들이 말을 타고 사냥을 했다는 걸 알 수 있어요.

더 알면 좋은 이야기

무용총은 중국의 지린성 지안현에 있는 고구려 시대 무덤이에요. 악기를 연주하고 춤추는 모습이 그려진 벽화가 있어 무용총이라고 불러요.

마을 잔치는 신명 나게 놀아야지!

농악은 농촌에서 하는 공연이에요. 꽹과리가 앞장서면 그 뒤로 나발, 태평소, 소고, 북, 장구, 징 등을 불거나 치면서 노래하고 춤을 추지요.

농악은 마을 곳곳을 누비면서 공연을 해요. 그래서 마을 사람 모두 나와서 함께 즐기고 농사일의 고단함을 잊지요. 김매기, 모심기 등을 할 때나 명절, 마을의 큰 행사가 있을 때마다 농악과 함께했어요.

더 알면 좋은 이야기

유네스코 세계 유산 등재 2014년

여기까지 다 고구려 땅이야!

광개토 대왕릉비는 광개토 대왕의 아들 장수왕이 아버지의 업적을 기리기 위해 세운 것이에요. 옛 고구려의 수도였던 국내성 지역인 중국 지린성 지안시에 있지요. 높이는 6미터가 넘고 비석의 네 개의 면에는 1,800자가 넘는 글자가 새겨져 있어요. 고구려의 역사와 광개토 대왕의 업적, 무덤을 관리하는 법에 대한 내용이 담겨 있지요. 하지만 세월이 지나 닳기도 하고 훼손되기도 해서 제대로 된 관리와 연구가 필요해요.

겨울을 나려면 김치부터!

김치는 한국인의 밥상에서 빠지지 않는 중요한 반찬이에요. 그래서 늦가을이 되면 춥고 긴 겨울을 나기 위해서 오래 두고 먹을 수 있도록 김장을 해요. 김장은 김치를 많이 담그는 걸 말해요. 김장 때는 가족이나 이웃이 모여 함께 김치를 담그고 나누어 먹어요.

지역에 따라서 김치에 넣는 재료도 조금씩 다르고 익히는 방법도 달라서 지역마다 김치의 종류도 달라요.

더 알면 좋은 이야기

유네스코 세계 유산 등재 2013년

백제를 대표하는 미소

서산 용현리 마애여래 삼존상은 백제 시대의 불상이에요. 충청남도 서산시 운산면 가야산 절벽에 새겨져 있어요. 가운데 불상의 높이는 2.8미터이고, 가운데 본존여래상을 중심으로 양쪽에 부처님이 새겨져 있지요. 부처님은 너그러운 미소를 띠고 있어서 '백제의 미소'라고 불려요.

더 알면 좋은 이야기

마애는 '절벽에 새긴다.'는 뜻이에요.

아슬아슬 외줄 위에서 뛴다고?

줄타기는 공중에 매달린 가느다란 줄 위에서 뛰어 오르거나 공중제비를 도는 등 재주를 부리는 놀이예요. 나무를 양쪽에 엇갈리게 세우고 그 위에 줄을 걸치는데, 높이는 3미터 정도예요.

줄타기 기술은 40가지가 넘는데, 광대의 몸짓에 구경하는 사람들은 가슴을 졸이거나 환호를 보내지요. 줄타기를 할 때는 음악을 연주하거나 말을 주고받기도 해요.

더 알면 좋은 이야기

유네스코 세계 유산 등재 2011년

호국 영령을 추모합니다

현충일은 나라를 위해 전쟁에서 죽은 군인을 기리는 날이에요. 6·25 전쟁이 끝나고 1956년 전쟁에서 전사한 군인들의 넋을 기리는 날을 정하기로 했어요. 그리고 6월 6일을 현충일로 정했지요. 현충일에는 오전 10시 사이렌 소리가 울리면 모두 멈추어 묵념을 해요. 그리고 태극기를 내려 다는 조기를 걸어요.

이크 에크 발차기 공격이다!

택견은 우리나라의 전통 무술로, 마치 춤을 추는 것처럼 보여요. 옛날 사람들은 몸과 마음을 단련하기 위해서 택견을 익혔는데, 고구려의 고분 벽화에도 택견을 하는 모습이 있어요.

택견에는 품 밟기, 활갯짓, 발질, 손질 등의 동작이 있어요. 바람에 살랑살랑 움직이는 듯하다가 갑자기 발을 차거나 걸어서 넘어뜨리면서 공격해요. 공격할 때는 에크, 방어할 때는 이크라는 소리를 내기도 해요.

더 알면 좋은 이야기

유네스코 세계 유산 등재 2011년

진짜로 미륵보살이 살짝 웃었다고!

금동 미륵보살 반가 사유상은 삼국 시대의 불상이에요. 반가 사유상이란 한쪽 다리를 걸치고 앉아 생각에 잠겨 있는 불상이라는 의미예요. 살짝 미소를 띠고 있는 얼굴, 균형 잡힌 몸과 정교한 옷 주름 등은 세계 최고 수준의 제작 기술을 보여 주지요. 가장 유명한 반가 사유상 두 점은 국립 중앙 박물관 '사유의 방'에서 볼 수 있어요.

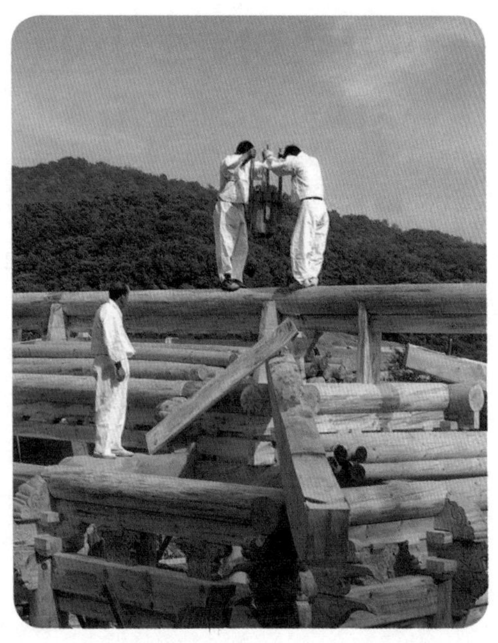

천 년이 지나도 끄떡없다고?

궁궐이나 절과 같은 건물을 짓는 사람을 대목장이라고 해요. 목수 중의 최고 우두머리지요. 몇백 년이 흘러도 튼튼한 건물을 만들기 위해서는 그만큼 좋은 나무를 쓰임에 맞게 골라 써야 해요. 그리고 못을 박는 게 아니라 나무를 이어 붙이고 짜 맞추어서 만들기 때문에 실력이 뛰어나야 하지요. 대목장은 도편수라고도 불러요.

대목장과 달리 집 안의 가구를 만드는 사람은 소목장이라고 해요.

더 알면 좋은 이야기

유네스코 세계 유산 등재 2010년

이걸 사람이 만들다니!

백제 금동 대향로는 백제 시대의 향로예요. 충청남도 부여 능산리 고분군에서 나왔어요. 뚜껑에는 수십 개의 산봉우리와 사람, 동물들의 모습이 새겨져 있고 꼭대기에 봉황을 장식했어요. 몸통에는 연꽃무늬가 새겨져 있고 몸체의 다리 부분은 용과 구름무늬로 이루어져 있지요. 백제 금동 대향로는 매우 정교하고 아름다워 백제의 뛰어난 제작 기술을 엿볼 수 있어요.

용왕의 아들이 역신을 쫓는다고?

용왕의 아들 처용은 신라 헌강왕 때 인간 세상에 와서 아내를 맞았어요. 어느 날 병을 퍼뜨리는 역신이 아내와 한방에 있는 것을 보고 처용은 처용가를 부르며 춤을 추었어요. 그러자 역신이 놀라 달아났지요. 그때부터 사람들은 처용이 귀신을 쫓는다고 여겼어요.

처용무는 다섯 명의 남자가 탈을 쓰고 오색 옷을 입고 추는 춤이에요. 악귀를 쫓고, 나라의 평안을 기원하기 위해 처용무를 추었어요.

더 알면 좋은 이야기

유네스코 세계 유산 등재 2009년

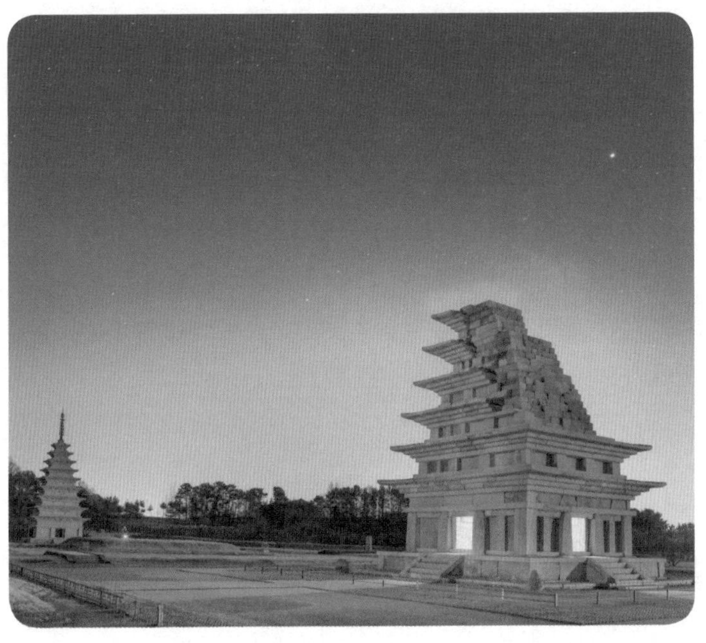

한쪽이 무너져도 최고의 석탑!

익산 미륵사지 석탑은 백제 무왕 때 만들어진 탑이에요. 전라북도 익산시 미륵사 터에 있지요. 오늘날까지 우리나라에 남아 있는 석탑 중에서 가장 오래되었어요. 미륵사지 석탑은 돌로 만들었지만 나무로 만든 목탑 형식을 볼 수 있는 귀중한 유물이에요.

더 알면 좋은 이야기

미륵사는 백제 무왕 때 세워진 절이에요. 백제에서 가장 규모가 큰 절이었지만 지금은 석탑과 당간 지주만 남아 있어요.

남사당이 뜨면 왁자지껄!

남사당놀이는 전국을 다니면서 놀이패가 하던 공연을 말해요. 남사당은 모두 남자로 구성되어 있으며 우두머리를 꼭두쇠라고 해요. 그 아래에 곰뱅이쇠, 뜬쇠, 가열, 삐리가 있지요.

남사당놀이 중에는 풍물놀이, 대접처럼 생긴 버나돌리기, 재주를 부리는 살판, 줄타기인 어름, 탈춤인 덧뵈기, 꼭두각시놀이인 덜미 등이 있어요.

더 알면 좋은 이야기

유네스코 세계 유산 등재 2009년

가장 반짝이고 화려하게!

금관은 금으로 만든 왕관을 말해요. 신라의 무덤에서는 화려한 장식품들이 많이 출토되었어요. 신라 금관은 둥근 테에 나뭇가지나 뿔 모양의 장식을 여러 개 덧붙여 만들었어요. 그리고 옥이나 금판을 작게 잘라 장식했어요. 그렇게 하면 움직일 때마다 반짝거려 더욱 화려해 보였거든요. 금관 양쪽에는 길게 늘어뜨린 드리개를 달기도 했어요.

더 알면 좋은 이야기

신라 금관은 황남 대총, 천마총, 금관총, 서봉총, 금령총 등에서 출토되었어요.

돌아라 돌아, 빙글빙글

강강술래는 설, 대보름, 단오, 한가위(추석) 등에 여자들이 손을 잡고 빙글빙글 돌면서 노래하는 놀이예요. 농사가 잘되기를 바라는 마음을 담고 있지요.

한 사람이 먼저 노래 한 소절을 부르면 다음 사람이 이어받아 노래를 불러요. 후렴구인 "강강술래, 강강술래"는 모두 함께 부르지요. 강강술래가 지루하면 남생이놀이, 청어엮기, 기와밟기 등의 놀이로 넘어가기도 해요.

더 알면 좋은 이야기

유네스코 세계 유산 등재 2009년

깎고 다듬어서 쌓아 올리자!

경주 분황사 모전석탑은 신라 선덕 여왕 때 만들어진 석탑이에요. 경상북도 경주시 분황사에 있지요. 모전석탑은 '돌을 벽돌 모양으로 다듬어 쌓은 석탑'을 말해요. 지금은 3층만 남아 있지만 원래는 9층이었을 것으로 추정해요. 1층에는 네 개의 문이 있고 문 옆에는 문을 지키는 신이 새겨져 있어요. 탑이 세워진 단의 네 모서리에는 돌사자가 놓여 있지요.

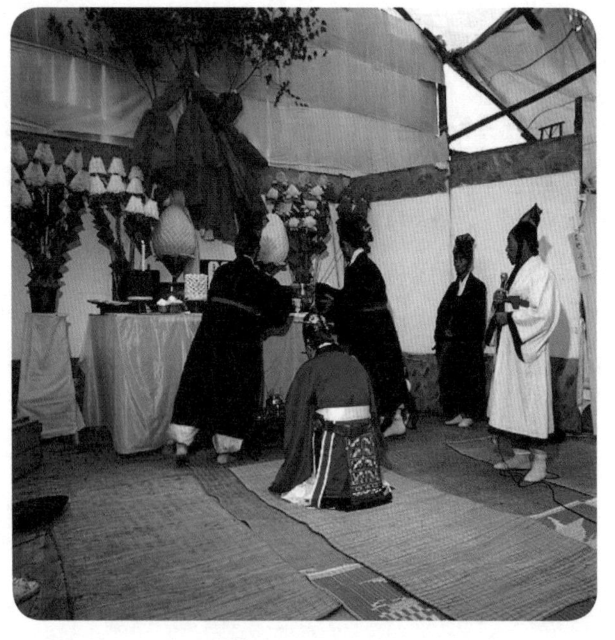

단옷날 강릉에서는 무슨 일이?

강릉 단오제는 단오 전후에 강릉에서 하는 마을굿이에요. 단오는 모내기를 끝내고 풍년을 기원하는 날이에요. 강릉에서는 백성들이 산신령과 수호신에게 제사를 지내고 전통 음악과 민요, 가면극 등의 공연을 하며 단오제를 지냈어요. 오늘날 강릉 단오제는 한 달 동안 열리며 제사를 지내고 투호, 널뛰기, 윷놀이 같은 민속놀이와 창포물 머리 감기 체험 행사도 즐길 수 있답니다.

더 알면 좋은 이야기

유네스코 세계 유산 등재 2005년

여기서 보는 하늘이 제일 멋져!

경주 첨성대는 신라 선덕 여왕 때 만들어진 천문 기상 관측대예요. 경상북도 경주시에 있지요. 높이는 9미터가 넘고, 362개의 돌을 사용해 상층부와 기단을 제외한 27단을 쌓아 올렸어요. 크기가 다른 돌로 쌓아 지진이 나도 무너지지 않을 정도로 튼튼하지요. 첨성대에 오를 때는 가운데에 나 있는 창에 사다리를 걸쳐서 창으로 드나들 수 있었어요. 그리고 창이나 뚫려 있는 위쪽으로 하늘을 관측했어요.

얼씨구, 좋다 좋아!

판소리는 음악, 문학, 연극이 어우러진 종합예술이라고 할 수 있어요. 소리꾼은 고수가 치는 북장단에 맞추어 소리와 아니리로 이야기를 끌어 나가요.

판소리 공연은 마당이라고 하는데, 춘향가, 심청가, 흥부가, 수궁가 등이 유명해요. 조선 후기에 크게 인기를 얻은 판소리는 양반과 평민의 신분 구분 없이 누구나 즐길 수 있었어요.

더 알면 좋은 이야기

유네스코 세계 유산 등재 2003년

신라 때 무려 80m가 넘는 탑을?

황룡사 9층 목탑은 신라 선덕 여왕 때 만들어진 목탑이에요. 경상북도 경주시 황룡사 터에 있었지요. 안타깝게도 고려 때 몽골군의 공격으로 황룡사와 함께 불타고 주춧돌만 남아 있어요. 이 탑은 9층으로 이루어져 있고 높이는 무려 80미터나 되었다고 해요. 선덕 여왕은 자장 율사의 건의를 받아들여 백제의 뛰어난 기술자 아비지를 데려와 탑을 만들게 했어요.

우리나라의 헌법이 태어난 날

제헌절은 대한민국의 헌법을 국민에게 알린 날이에요. 1948년 남한에서는 단독 선거를 통해 국회 의원을 뽑았어요. 그리고 국회에서는 헌법을 만들어 7월 17일 우리나라 최초의 헌법을 알렸어요. 정부는 7월 17일을 제헌절이라고 하고 국경일로 정했어요.

종소리가 아이 울음소리 같아!

성덕 대왕 신종은 신라 시대의 종이에요. 경상북도 경주시 국립 경주 박물관에 있지요. 높이는 3미터가 넘고, 하늘에 사는 아름다운 선녀인 비천상이 옆면에 새겨져 있어요. 종을 만들 때 제대로 소리가 나지 않아 아이를 넣어 만들었다는 전설이 전해져요. 그래서 종소리가 마치 '에밀레 에밀레'라고 우는 아이의 울음소리 같아 '에밀레종'이라고도 불렀다고 해요.

조선의 가장 큰 국가 제사

종묘 제례는 종묘에서 역대 왕에게 제사를 지내는 의례예요. 나라의 큰 행사로서 엄격한 절차에 따라 진행되었지요. 종묘 제례악은 제사 때 쓰던 음악을 일컫는데, 주로 중국의 음악을 연주했어요.

그러다가 세종 대왕이 보태평과 정대업이라는 새로운 음악을 만들었어요. 이 노래는 세조 때부터 종묘 제례악에서 연주되었지요.

더 알면 좋은 이야기

유네스코 세계 유산 등재 2001년

천 년이 지나도 끄떡없어!

무구 정광 대다라니경은 세계에서 가장 오래된 목판 인쇄물이에요. 경주 불국사의 석가탑을 수리할 때 발견되었지요. 너비는 8센티미터 정도이고 전체 길이는 6미터가 넘어 두루마리 형태로 말려 있었어요.

다라니경은 승려가 수행을 할 때 외는 주문이에요. 그걸 나무에 새겨서 찍어 낸 것이 무구 정광 대다라니경인데, 우리나라의 뛰어난 인쇄술을 보여 주지요.

수백만 철새의 쉼터, 갯벌

한국의 갯벌에는 다양한 생물이 살고 있어요. 유네스코에 등재된 갯벌은 충청남도 서천 갯벌, 전라북도 고창 갯벌, 전라남도 신안 갯벌, 전라남도 보성·순천 갯벌이에요. 모두 습지 보호 지역으로 지정되어 있답니다.

또한 한국의 갯벌은 수백만 마리의 철새가 쉬어가는 곳이기도 해요. 철새 중에는 넓적부리도요, 검은머리물떼새 등 멸종 위기종만 20종이 넘어요.

더 알면 좋은 이야기

유네스코 세계 유산 등재 2021년

사람이 말을 타고 있는 잔이라고?

도기 기마 인물형 뿔잔은 가야 때 만들어진 인물형 토기예요. 나팔 모양의 받침대 위에 갑옷을 입은 말이 서 있고 사람이 말을 타고 있어요. 사람 역시 갑옷을 입고 창과 방패를 들고 있어요. 사람 뒤로는 뿔 모양의 잔이 하늘을 향하고 있지요.

도기 기마 인물형 뿔잔은 당시 무사의 모습을 확인할 수 있으며 섬세하게 묘사되어 있어서 가야의 토기 제작 기술이 뛰어났다는 것을 알 수 있어요.

스승님의 말씀을 따라 오늘도 열심히!

서원은 성리학을 가르치거나 학문이 뛰어난 사람에게 제사를 지내는 곳이에요. 유네스코에 등재된 한국의 서원은 조선 시대에 세워진 아홉 개의 서원을 말해요. 소수 서원, 남계 서원, 옥산 서원, 도산 서원, 필암 서원, 도동 서원, 병산 서원, 무성 서원, 돈암 서원이지요. 그중에서도 대표적인 곳이 안동의 도산 서원인데, 퇴계 이황이 제자를 가르쳤던 도산 서당에 세운 서원이에요.

더 알면 좋은 이야기

유네스코 세계 유산 등재 2019년

인도에 가 보니까 말이야

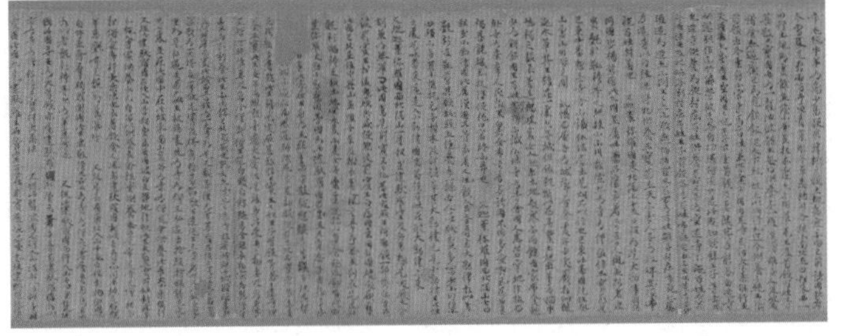

왕오천축국전은 신라의 승려 혜초가 지은 책이에요. 혜초는 불교를 공부하러 당나라로 갔다가 인도와 주변 나라를 10년 동안 여행했어요. 그리고 각 나라의 종교와 풍속, 정치, 문화 등을 글로 남겼어요. '천축국'은 중국에서 인도를 부르는 이름이에요. 왕오천축국전은 프랑스 학자가 중국의 석굴에서 발견해 프랑스로 가져가서 지금은 프랑스 파리 국립 도서관에 소장되어 있어요.

수행하기에는 산속이 딱 맞지!

산사나 승원은 불교 사찰을 말해요. 불교는 삼국 시대에 우리나라로 들어왔는데 그때 전국에 많은 절이 세워졌어요. 하지만 조선 시대에는 불교를 억누르고 유교를 따랐기 때문에 도시에 지었던 절은 많이 사라지고 산속의 절들만 남게 되었어요.

수많은 절 중에서 '산사, 한국의 산지 승원'은 통도사, 부석사, 봉정사, 법주사, 마곡사, 선암사, 대흥사 일곱 곳의 절을 가리켜요.

더 알면 좋은 이야기

유네스코 세계 유산 등재 2018년

부처님의 힘으로 나라를 지키자!

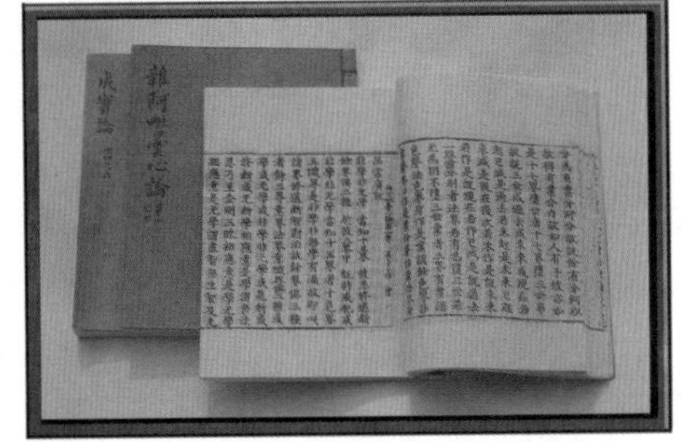

평창 월정사에 보관 중인 팔만대장경이에요. 해인사의 대장경 경판에서 직접 찍어온 것이랍니다.

팔만대장경은 고려 때 부처님의 힘으로 몽골군을 물리치기 위해 만든 것이에요. 대장경은 부처님의 가르침을 한 데 모은 것이지요. 팔만대장경은 나무판에 새긴 글자가 8만 글자가 넘어서 팔만대장경이라고 불러요. 바닷물에 3년 동안 담근 나무를 잘라 소금물에 쪄서 말린 것에다가 글자를 새겼어요. 그런 다음 옻칠을 해서 오래 보존할 수 있도록 했답니다.

멋진 백제 유적을 한눈에!

백제는 온조가 한강 근처 위례성에 세운 나라예요. 백제는 특히 건축·공예 기술이 뛰어났고 중국, 일본과 교류하면서 우수한 문화를 일본에 전해 주기도 했어요.

충청남도 공주시와 부여군, 전라북도 익산시에는 석탑, 절, 고분 등 백제 고유의 아름다움을 보여주는 유적이 많이 남아 있어요. 그중 공주 공산성, 공주 송산리 고분군, 부여 관북리 유적 및 부소산성, 부여 정림사지, 부여 왕릉원, 부여 나성, 익산 왕궁리 유적, 익산 미륵사지 여덟 곳이 유네스코에 등재되었어요.

더 알면 좋은 이야기

유네스코 세계 유산 등재 2015년

기둥을 잘못 만든 거 아냐?

부석사는 신라의 승려 의상이 왕명을 받아 세운 절이에요. 경상북도 영주시에 있는 절로, 선묘 낭자가 용으로 변해 돌을 띄운 전설이 전하지요. 무량수전은 부석사의 중심 건물로, 배흘림기둥으로 유명해요. 배흘림기둥은 건물의 조화와 안정을 위해서 일부러 몸통을 불룩하게 만든 것이에요.

더 알면 좋은 이야기

나무로 지어진 건물 중에서 가장 오래된 것은 경상북도 안동시에 있는 안동 봉정사 극락전이에요. 봉정사의 극락전도 배흘림기둥으로 유명해요.

산속이지만 없는 게 없는 도시지!

남한산성은 우리나라 최초의 산성 도시로, 자연과 조화를 이루도록 성곽 높이를 다르게 쌓았어요. 험준한 산속에 있지만 안쪽은 넓고 평평하지요.

남한산성에는 백성들이 사는 마을과 왕과 신하가 머무는 행궁, 조상을 모시는 종묘와 군사 시설도 있었어요. 남한산성은 삼국 시대부터 조선 시대에 이르기까지 고쳐 짓고, 늘려 지으면서 지금의 모습을 갖추었지요.

더 알면 좋은 이야기

유네스코 세계 유산 등재 2014년

우리 역사를 우리가 직접!

『삼국사기』는 고려 때 김부식 등의 학자들이 왕의 명령으로 만든 역사책이에요. 고구려, 백제, 신라 삼국의 역사와 인물에 대한 내용이 담겨 있어요. 왕과 관련된 내용인 '본기', 통치 제도에 관한 내용인 '지', 사건을 순서대로 정리한 '연표', 인물에 관한 내용인 '열전'으로 이루어져 있으며 무려 50권이나 돼요.

더 알면 좋은 이야기

김부식은 일흔이 넘은 나이에 은퇴했어요. 그때 인종은 김부식에게 『삼국사기』를 쓰도록 했고, 여러 사관들과 함께 『삼국사기』를 완성했지요.

500년 전 옛날 마을이 그대로 남아 있다고?

안동의 하회 마을과 경주의 양동 마을은 14~15세기에 만들어져서 500년 이상 본모습을 유지하고 있어요. 마을 앞으로는 강이 흐르고 산으로 둘러싸여 있으며 주로 농사를 지었어요.

대체로 같은 성을 가진 사람들이 함께 모여 살았는데, 이런 마을을 집성촌이라고 해요. 한국의 역사 마을에서는 양반집, 초가집, 서당, 정자 등의 건물을 통해 조선 시대의 문화를 살펴볼 수 있어요.

더 알면 좋은 이야기

유네스코 세계 유산 등재 2010년

역사만 쓰면 재미없잖아

『삼국유사』는 고려 때 승려 일연이 쓴 역사책이에요. 『삼국사기』가 실제 정치와 역사를 담은 공식적인 역사책이라면 『삼국유사』는 역사와 문화를 담은 책이에요. 그리고 불교와 관련된 내용이나 설화가 많이 담겨 있어요. 『삼국유사』는 『삼국사기』에서 제외된 내용, 특히 신화와 전설이 풍부하게 담겨 있어서 고대 문학을 연구하는 데 소중한 자료이지요.

풍수지리를 따져 능을 지어라!

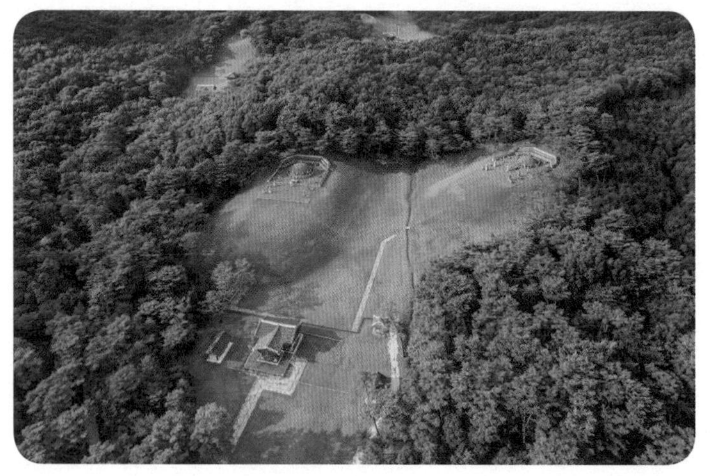

서울과 경기도에 있는 조선 왕릉은 보존이 잘 된 왕조의 무덤 유적지예요. 왕릉은 남쪽에 물이 흐르고 뒤쪽에 언덕이 있는 명당자리에 만들어요. 그리고 건물이나 석물, 봉분이 멋진 조화를 이루고 있지요.

왕과 왕비의 무덤은 능이라고 부르고, 왕세자와 왕세자빈의 무덤은 원이라고 불러요. 왕릉 여러 개가 모여 왕릉군을 만들고 있기도 해요.

더 알면 좋은 이야기

유네스코 세계 유산 등재 2009년

세계에서 가장 오래된 금속 활자본이야

『직지심체요절』은 고려 때 승려 백운이 부처님의 말씀을 뽑아 해설한 책이에요. 그전까지는 나무판에 글자를 새겨서 인쇄했는데, 『직지심체요절』은 금속을 녹여서 만든 활자로 찍은 세계 최초의 금속 활자본이지요. 현재 하권 한 권만 프랑스 파리 국립 도서관에 소장되어 있어요.

더 알면 좋은 이야기

독일의 구텐베르크 성서는 오랫동안 세계 최초의 금속 활자본으로 알려졌어요. 하지만 『직지심체요절』이 구텐베르크 성서보다 78년 먼저 제작되었다는 게 밝혀졌지요.

화산이 폭발해서 섬이 되었다고?

제주도는 화산 폭발로 만들어져 독특한 경관을 볼 수 있는 섬이에요. 그중에서도 한라산, 성산 일출봉 응회구, 거문오름 용암 동굴계 세 구역이 유네스코에 등재되었지요.

한라산은 화산 폭발로 만들어졌으며 남한에서 가장 높은 산이에요. 성산 일출봉 응회구는 바다에서 화산이 폭발하면서 만들어진 것이에요. 용암이 흐르다가 식으면서 생긴 용암 동굴도 제주도 곳곳에 있지요.

더 알면 좋은 이야기

유네스코 세계 유산 등재 2007년

조선 왕들의 모든 것이 담겨 있다고?

조선왕조실록은 25대 조선 왕에 대한 모든 것이 담겨 있는 책이에요. 조선 왕조는 조선을 세운 태조부터 조선이 멸망한 순종까지 518년이나 이어졌어요. 하지만 일제 강점기에 쓰인 고종실록과 순종실록은 조선왕조실록에 포함하지 않아 철종 때까지만 인정해요. 역사를 기록한 사람은 사관이었는데, 왕도 사관이 쓴 내용을 함부로 볼 수 없었어요. 조선왕조실록은 사고에 따로 보관했어요.

더 알면 좋은 이야기

유네스코 세계 기록 유산 등재 1997년

여기가 도시야, 박물관이야?

경주는 신라의 도읍지로 천 년의 역사를 지닌 곳이에요. 신라는 불교를 장려해서 불교 건축물이 많이 남아 있어요.

경주 역사 유적 지구는 신라 불교 미술의 보물 창고인 남산 지구, 왕조의 궁궐터가 있는 월성 지구, 신라 왕들의 고분군이 있는 대릉원 지구, 신라 불교를 대표하는 황룡사 터와 분황사 터가 있는 황룡사 지구, 천년 도읍지를 지킨 산성 지구로 나뉘어요.

더 알면 좋은 이야기

유네스코 세계 유산 등재 2000년

생생한 조선 역사는 이 책으로!

승정원일기는 승정원에서 다룬 문서나 사건을 기록한 것이에요. 승정원은 여러 문서를 정리해 왕에게 올리고 왕의 명령을 관련 부서에 전하는 역할을 했어요. 마치 비서실 같은 곳이었지요. 승정원일기에는 날짜, 시간, 날씨와 강수량까지도 기록했어요. 또한 대화 내용도 자세히 적었으며 주변 나라에 대한 내용도 담겨 있어 역사를 연구할 때 굉장히 도움이 되지요.

더 알면 좋은 이야기

유네스코 세계 기록 유산 등재 2001년

족장님이 돌아가셨다!

고인돌은 청동기 시대 지배자의 무덤으로, 커다란 돌로 만들었어요. 땅을 파서 받침돌을 세우고 위에 넓적한 돌을 올렸지요. 이렇게 큰 돌을 옮기기 위해서는 수백 명에서 수천 명이 필요하므로 고인돌로 지배자의 힘을 엿볼 수 있어요.

세계에서 고인돌이 가장 많이 발견된 나라는 바로 우리나라예요. 그중에서 고창, 화순, 강화도 세 지역에서는 수백 개의 고인돌이 발견되었어요.

더 알면 좋은 이야기

유네스코 세계 유산 등재 2000년

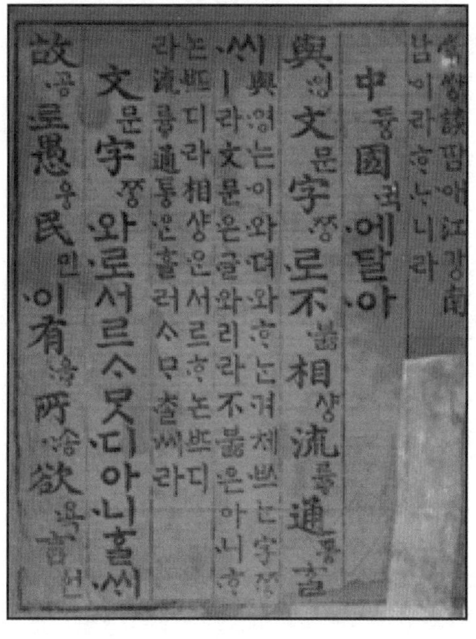

江강南남이라 ᄒᆞᄂᆞ니라

中듕國귁에 달아

與영文문字ᄍᆞᆼ로 不붏相샹流륳通통ᄒᆞᆯᄊᆡ

與영는 이와 뎌와 ᄒᆞ논 겨체 ᄡᅳ는 字ᄍᆞᆼㅣ라 文문은 글와리라 不붏은 아니ᄒᆞ논 ᄠᅳ디라 相샹ᄋᆞᆫ 서르 ᄒᆞ논 ᄠᅳ디라 流륳通통ᄋᆞᆫ 흘러 ᄉᆞᄆᆞᄎᆞᆯ 씨라

文문字ᄍᆞᆼ와로 서르 ᄉᆞᄆᆞᆺ디 아니ᄒᆞᆯᄊᆡ

故공로 愚웅民민이 有융所송欲욕言언

한자는 어려우니 한글로 써!

훈민정음해례본은 훈민정음에 대한 해설과 용례를 적은 해설서예요. 훈민정음은 세종 대왕이 만든 우리 고유의 문자예요. 글을 몰라 어려움을 겪는 백성들이 없도록 쉽게 만들었지요. 고유의 문자를 가지고 있는 민족이 많지 않을 뿐만 아니라 훈민정음처럼 만든 사람이 확실한 경우는 거의 없어요. 게다가 글자의 창제 원리와 활용법을 담은 책이 있는 것은 훈민정음이 유일해요.

더 알면 좋은 이야기

유네스코 세계 기록 유산 등재 1997년

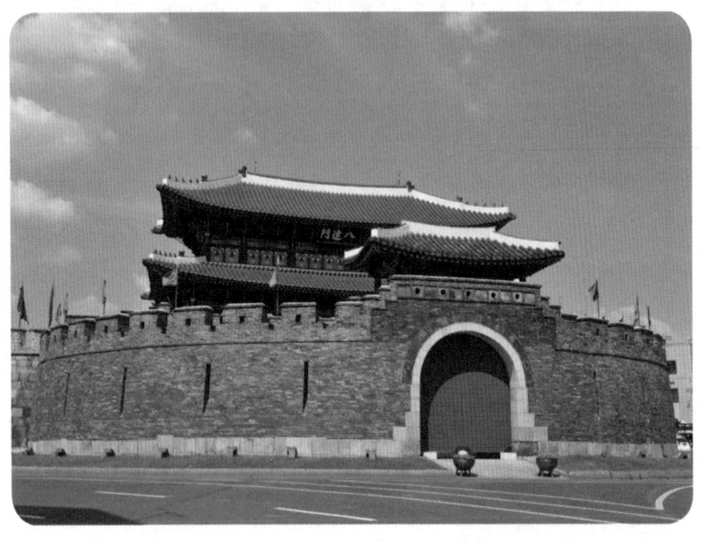

정조 개혁 정치의 상징

정조는 아버지 사도 세자의 무덤을 수원으로 옮기면서 화성을 지었어요. 화성 한가운데에는 왕이 머무는 행궁이 있고, 성곽은 나지막한 언덕을 따라 쌓았어요. 백성들이 살 수 있는 집과 도로도 만들었지요.

화성에는 사대문과 옹성, 적을 감시하고 막아 내는 시설들이 있었어요. 게다가 정약용이 만든 거중기를 이용하여 아주 짧은 기간 내에 만들어졌답니다.

더 알면 좋은 이야기

유네스코 세계 유산 등재 1997년

왕실 이야기가 궁금하지 않아?

조선 왕조의 의궤는 조선 왕실에서 중요한 행사가 있을 때 그림과 글로 내용을 정리한 것이에요. 왕실의 혼례, 장례, 연회 등 중요한 행사들을 어떤 식으로 진행했는지 자세하게 나와 있지요. 특히 설명하기 어려운 도구나 건물 등도 그림으로 자세하게 그려서 모습을 확인할 수 있어요. 그래서 훼손된 문화재를 복원할 때도 의궤를 참고해서 복원했답니다.

더 알면 좋은 이야기

유네스코 세계 기록 유산 등재 2007년

자연과 어우러진 궁궐이야!

북한산 아래에 있는 창덕궁은 태종의 명으로 만들어진 궁궐이에요. 산자락을 따라서 건물을 배치하고 담벼락은 낮게 만들어 자연환경과 조화를 이루게 했지요.

그런데 건물보다 더 정성을 쏟은 곳이 바로 후원이에요. 궁궐 안에 있는 정원이지요. 창덕궁 후원은 우리나라 최대의 궁중 정원이랍니다.

더 알면 좋은 이야기

유네스코 세계 유산 등재 1997년

병 고치는 법은 여기 다 나와!

『동의보감』은 조선 시대 어의 허준이 쓴 의학서예요. 의술이 뛰어난 허준은 왕과 왕족들의 병을 치료하는 어의가 되었지요. 허준은 선조의 명령으로 중국 책과 우리나라 책을 모아 의학서를 정리했어요. 병의 구체적인 증상과 진단, 그리고 어떤 방법이나 약재로 나을 수 있는지 처방을 적었어요. 게다가 일반 백성들도 참고할 수 있도록 우리나라에서 쉽게 구할 수 있는 약재를 이용한 치료법을 담았어요.

더 알면 좋은 이야기

유네스코 세계 기록 유산 등재 2009년

불교의 나라를 짓는다고?

석굴암과 불국사는 경주시 토함산에 있어요. 석굴암은 신라 경덕왕 때 지은 것으로 석굴 형태의 사원이에요. 화강암을 쌓아 올리고 위에 흙을 덮었지요. 주실에 있는 석가여래 좌상은 '본존불'이라고 불러요.

불국사는 신라 경덕왕 때 김대성에 의해 크게 확장되었어요. 부처님의 나라를 표현한 것이에요. 대표적인 예술품으로 석가여래를 상징하는 3층 석탑(석가탑)과 다보여래를 상징하는 다보탑이 있어요.

더 알면 좋은 이야기

유네스코 세계 유산 등재 1995년

일본군이 배를 보고 벌벌 떨었다니!

거북선은 임진왜란 때 활약한 거북 모양의 배를 말해요. 조선 시대에 바다에서 전쟁이 나면 주로 판옥선을 이용했어요. 거북선은 판옥선의 지붕을 쇠로 덮고 칼과 송곳을 꽂아 적군이 배에 오르지 못하도록 만든 것이에요. 1층에는 노를 젓는 사람들이 타고 2층은 전투 지휘실이 있었지요. 배 앞에는 용머리가 달려 있었는데, 화포를 쏘았을 것으로 추정해요.

전쟁이 나도 팔만대장경은 걱정 마!

해인사는 가야산 깊숙이 있어 전쟁이 나도 피해를 입지 않았어요. 그래서 고려 시대에 부처님의 말씀을 새긴 팔만대장경판을 보관하기 위해 장경판전을 지었지요.

해인사 장경판전은 사방에 담을 세우고 물길을 내서 불이 날 때를 대비했어요. 그리고 바람이 잘 통하도록 크기가 다른 창을 내고, 흙바닥에 숯, 횟가루 등을 넣어 습기가 차지 않도록 했답니다.

더 알면 좋은 이야기

유네스코 세계 유산 등재 1995년

3일 만에 그린 그림이라고?

몽유도원도는 조선 세종 때 화가 안견이 그린 산수화예요. 세종의 셋째 아들인 안평 대군은 꿈에서 거닐었던 신비로운 세상을 안견에게 이야기하며 그림으로 그려 달라고 했어요. 안견은 3일 만에 몽유도원도를 그렸다고 해요. 왼쪽은 현실 세계이고, 오른쪽은 꿈속의 세상이 묘사되어 있어요.

더 알면 좋은 이야기

조선 후기의 대표적인 산수화로는 정선이 그린 인왕제색도가 있어요. 비가 그친 인왕산의 모습을 직접 보고 그려서 진경산수화라고 부르지요.

왕실 제사를 지낼 사당을 지어라!

조선을 세운 태조는 한양을 도읍지로 정하고 조상에게 제사를 지내는 종묘를 짓게 했어요. 종묘의 중심 건물은 정전인데, 크기와 모양이 다른 돌을 쌓아서 만든 월대 위에 있어요. 그리고 화려한 장식 없이 스무 개의 기둥이 건물을 받치고 있는데 조금씩 모양이 달라요. 멀리서 보았을 때 안정감을 주기 위해서지요. 종묘에서는 나라의 큰 제사인 종묘 대제를 지냈어요.

더 알면 좋은 이야기

유네스코 세계 유산 등재 1995년

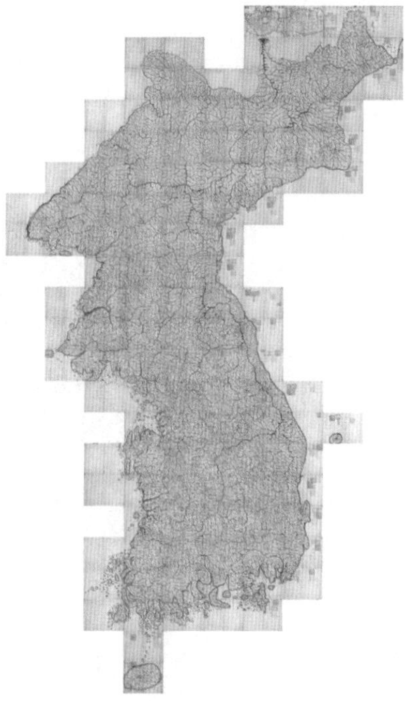

걸어 다니면서 어떻게 지도를 만들어?

대동여지도는 조선 철종 때 지리학자 김정호가 만든 전국 지도예요. 무려 27년이나 걸렸어요. 대동여지도는 나무판에 새겨서 찍은 목판본으로, 22첩의 지도첩으로 되어 있어요. 이렇게 지도첩으로 만든 이유는 가지고 다니면서 참고할 수 있도록 하기 위해서였어요. 대동여지도는 오늘날의 지도와 비교해도 크게 차이가 없을 정도로 정확했어요.

7월

한국의 유네스코 세계 유산

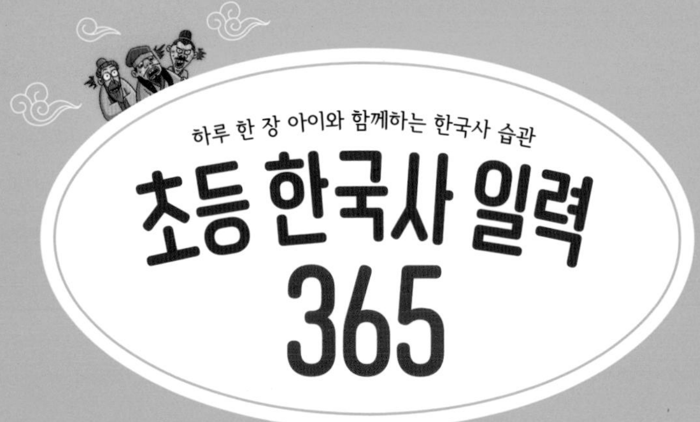

9 791136 022950

10910

값 25,000원

ISBN 979-11-360-2295-0